著

石斋画报》里的天津

NTSIN IN
SHIHCHAI PICTORIAL

天津社会科学院出版社

图书在版编目（CIP）数据

《点石斋画报》里的天津 / 罗文华著. -- 天津 ：
天津社会科学院出版社，2021.9
ISBN 978-7-5563-0745-6

Ⅰ．①点… Ⅱ．①罗… Ⅲ．①天津－地方史－图集
Ⅳ．①K292.1-64

中国版本图书馆 CIP 数据核字(2021)第 136840 号

《点石斋画报》里的天津
《DIANSHIZHAI HUABAO》 LI DE TIANJIN

出版发行：天津社会科学院出版社
地　　址：天津市南开区迎水道 7 号
邮　　编：300191
电话/传真：（022）23360165（总编室）
　　　　　　（022）23075303（发行科）
网　　址：www.tass-tj.org.cn
印　　刷：北京盛通印刷股份有限公司

开　　本：787×1092　毫米　　　1/12
印　　张：30.5
字　　数：228 千字
版　　次：2021 年 9 月第 1 版　2021 年 9 月第 1 次印刷
定　　价：79.00 元

 版权所有　翻印必究

《点石斋画报》里的天津

来新夏

　　罗君文华，士林骄子，津门才俊，笃于学思，勤于著述，真读书人也。

　　20世纪80年代中期，文华君尚在北大上学，即与我通信，垂询"天津教案"若干问题，所言颇有己见。初次正式见面，在80年代后期，我正主事于南开大学出版社、图书馆及图书馆学系，文华君时为《天津日报》文化记者，由津报老编辑、民俗学者张仲兄引领，一同前来，论说古今，品藻人物，彼此不谋而合，相谈甚欢，由是订下忘年之交。文华君谦谦然以师待我，在编报过程中遇到疑难，经常来电与我商讨。一次晚饭后通话，提及林则徐诗句"苟利国家生死以，岂因祸福避趋之"，双方聊兴大增，侃侃而谈，忘却时光，竟迄夜阑。文华君长期操持津报副刊，孜孜矻矻，敬业求精，亦常热诚邀约拙稿，如《以"破伦"精神来藏书》《赠书有感》等随笔和书评，刊诸津报，多蒙读者朋友青睐。文华君博学通识，多才多艺，既富藏古今典籍、中外图书，汗牛充栋，插架缥缃，亦厚贮文房雅玩、故纸杂项，瑶琴横膝，芸帙披香，得享品赏之乐，远胜南面百城，而它们中间所蕴含的大量历史文化信息，对其治学写作亦大有裨益。多年前邮政部门举办征文，邀我参与，文华君不仅助我核实有关中国邮票历史，还主动提供一些外国邮票细节供我参考，其掌握史料之丰赡，运用藏品之灵动，发挥学识之自如，由此管窥一斑，令人刮目相看。

　　天津建城六百周年前夕，文华君撰成《〈点石斋画报〉里的天津》一书，以我治中国近代史和天津近代史为由，持来请序。循读全稿，为之一振，欢欣不已，感慨良多。

文华君从《点石斋画报》发表的四千七百余幅图画中，悉心找出与天津有关的一百余幅图画，予以分析研究，做了一件很有意义的事情。《点石斋画报》发行时期，从中法战争到戊戌变法，是中国历史上极为关键的一个时期，其中反映的洋务运动，对于天津来说，尤为关键，对天津社会的发展起到了推动作用。本来天津处于天子脚下，政治上多顾忌，保守思想严重。开埠后，由于洋枪炮舰对中国是新事物，西方书籍的翻译带来了新的思想观念，吸纳人才也带来了生活方面的很多新东西，不可避免地对天津文化产生重要影响。加之天津本身就是一个漕运码头、商业中心，是一个南来北往、五方杂处的地方，各国租界设立后，社会风气显现出不古不今、不中不洋的景况。那时的天津，可以找出非常落后的东西，也可以找到十分先进的东西。人们可以对传统老死相守，不加进取，也可以去追赶最新的潮流，如跳舞、吃西餐。人们有留辫子的，也有留分头的，有穿长袍马褂的，也有西服革履的，有坐花轿的，也有文明结婚的。整个社会表现得很奇特，处在一个中外古今交替混杂的时代。此部《〈点石斋画报〉里的天津》，正是反映了这一时期天津政治、军事、外交、法律、经济、交通、科技、文艺、教育、宗教、民俗及社会生活各个领域的时事，真是五光十色，展卷通览下来，让人感觉就是一幅清末天津的《清明上河图》，一部形象的近代天津百科全书。

以图证史，以史解图，是此部《〈点石斋画报〉里的天津》的研究方法与特色。从所征引的众多文献看，亦足见文华君读书之夥，眼界之博。1986年我曾为出版社主持整理校点一套"天津风土丛书"，系反映天津面貌的史志杂著，今见也被文华君充分利用，颇感欣慰。如其中张焘之《津门杂记》、佚名之《天津事迹纪实闻见录》、徐士銮之《敬乡笔述》、戴愚庵之《沽水旧闻》、徐肇琼之《天津皇会考》、望云居士及津沽闲人之《天津皇会考纪》、羊城旧客之《津门记略》等小志逸史，以往连有些整理者都认为它们虽然不失为了解封建社会末世天津风貌、习尚有价值的材料，但其中可直接用作史料的实际并不多，此次经过文华君将它们与《点石斋画报》比对研究，化旧为新，点石成金，唤起了学界对它们的重视，提升了它们的史料意义。这是文华君在发掘天津历史文化资源方面的又一贡献。

我致力于北洋军阀史研究数十年，对北洋时期天津在中国的地位多有思考。现在皆说"近代百年看天津"，不仅因为天津开埠较早，在经济、文化、社会等各个方面发展较快，而成为近代中国具有代表性的城市，更因为近代以来中国历次政治斗争都与天津有着密切的关系，很多遗老遗少、军阀政客下野后都寓居在天津租界，以盼东山再起，重回京师掌权。特别是北洋时期，更是愈演愈烈，天津成为北京政府的"政治后台"。文华君在《〈点石斋画报〉里的天津》中提出，天津在中国近代发挥政治作用主要有两个时期，一个是史学界常说的"后台"时期，即北洋军阀统治时期；还有另一个时期，时间早于"后台"时期，为洋务运动时期，或者说是李鸿章主政天津时期。李鸿章既是排在第一位的封疆大吏，又是清朝中央政府在政治、外交、军事、实业等重要领域的核心人物。面对列强的侵略和复杂的国际形势，中国外交权力重心趋向双元化，形成北京总理各国事务衙门和天津北洋大臣并存的局面，天津成为清政府对外交往乃至国际军事斗争的"前台"。文华君通过研究《点石斋画报》与天津近代史的关系，首次提出"洋务时期天津前台说"，实具史家之识，应引起中国近代史和天津近代史研究者的重视。

我的老友、北京大学教授吴小如兄曾经与我私语：文华为人挚诚，不慕荣利，潜心学问，气格超然，将来必独领风骚，成文章一大家也。对小如兄之评价，我自然亦有同感，今借为文华君新著所作小序，愿充老骥，伏枥致勉，击鼓其镗，乐观其成。

2003 年冬月写于南开大学邃谷，时年 81 岁

《点石斋画报》时期，从1884年到1898年，即从中法战争到戊戌变法，是中国历史上极为关键的一个时期，中国正处在李鸿章所说的"数千年来未有之变局"，国家积贫积弱、内忧外患，几近崩溃，而社会精英们在以不同的方式寻找着出路，尝试着变革。这十五年，也恰是天津历史上极为关键的一个时期。作为清朝中央政府政治、军事、外交活动的前台，作为洋务运动的中心城市，作为中国自主开放和被迫开放的重要前沿和窗口，作为中国率先推行近代化的发达地区，天津在中国的地位和作用空前地重要，天津在中国和世界的知名度空前地提升。

然而，遗憾的是，那个时期留下的反映天津的图像实在太少了。当时照相技术刚刚传入天津，即便加上外国人所拍摄的，流传至今的反映天津的照片也总共不过几十张，而且其中一些还不能确定具体的拍摄时间和地点。当时天津报业初兴，仅有三四种报纸，据说仅仅发行了不到五年的天津《时报》曾随报附送过单张画页，但绘画水平不高，影响不大；天津的画报尚未诞生，自然也没有留下任何天津的形象。

值得庆幸的是，当时远在千里之外出版的上海《点石斋画报》，竟然发表了一百多幅描绘天津或与天津有关的图画。这些图画虽然不能等同于实景照片，但其画面具有较强的真实感，加之配发翔实的说明文字，时间、地点、人物等新闻要素都很明了，其图像价值是任何其他形式的史料所无法代替的。

《点石斋画报》中的这一百多幅图画，反映了1884至1898年天津政治、军事、外交、法律、经济、交通、科技、文艺、教育、宗教、民俗及社会生活各个领域的时事，天津的缙绅将士、贩夫走卒、书生艺人、和尚道士、悍妇烈女、娼妓面首、赌徒嫖客、流氓混混、强盗骗子、镖师丐头、巫婆神汉、鬼怪狐仙各色人等都有亮相。特别值得提出的是，它报道描绘了一些重要事件，如中法议和、兴修铁路、中日甲午战争等；报道描绘了一些重要人物，如清政府直隶总督兼北洋大臣李鸿章、清军名将丁汝昌、著名数学家华蘅芳、法国海军舰长福禄诺、法国公使巴德诺脱、德国贵族汉纳根等；报道描绘了一些重要场所，如天津英国工部局所在地戈登堂（见于《吴友如画宝》）、天津武备学堂、天津四大戏园之一的协盛茶园、直隶总督行署、天津县署、天津文庙、天津著名寺庙如意庵和福寿宫、天津的社交中心汉纳根公馆等。如果将所有这些画面串联起来，就是一幅清末天津的《清明上河图》，一部形象的近代天津百科全书。

本书所做的主要工作是：

第一，从《点石斋画报》发表的四千七百余幅图画中，找出与天津有关的一百余幅图画，按发表先后顺序列出。从《吴友如画宝》的一千二百余幅图画中，找出与天津有关的十余幅图画，作为附图列入。选择原图说明文字之精要加以标点、翻译、评论；对必要的时间、地点、人物和词语加以解释。即本书中编"解图"部分。

第二，选择有代表性的图画，或将同一题材的图画结为一组，作为个案，撰写专文进行分析研究。结合相关文字资料，对图画进行具有一定广度和深度的解释。即本书下编"分析"部分。

第三，根据图画本身和分析所得，系统阐述《点石斋画报》特殊的新闻和史料价值、天津在《点石斋画报》里的显要位置、《点石斋画报》反映天津的全面性，以及《点石斋画报》对于研究天津历史的重要作用。即本书上编"概观"部分。

本书的发掘和研究收获体现为：

第一，为历史研究的难点和疑点提供了新的史料，从而推动相关研究的深入。例如有专家认为，天津的"会讯公所"仅见于《天津事迹纪实闻见录》所载的一句话，此前、此后则不见于公、私记载。而本书则发现了《点石斋画报》对"法兵肇事"一案的报道，说明除了《天津事迹纪实闻见录》之外还有关于天津"会讯公所"的史料。

第二，通过调查和采访，告诉读者《点石斋画报》以后的故事。例如《点石斋画报》中的《海滨一叟》一图描写了天津"龙袍郑"收藏御袍的情况。而本书则收录了"龙袍郑"的后代写给笔者的信，介绍了天津解放后"龙袍郑"的家事和御袍的收藏情况。

第三，为一些民间传说找到了历史依据，证明后来的旧闻就是当初的新闻。例如"流水无情"是一百多年来在天津民间口耳相传的一个故事，似乎没有真实依据。而本书则将《点石斋画报》中的《流水无情》一图展示出来，而且说明文字中有事情发生的真实地点，说明此事不是故事而是旧闻。

通过对这百余幅图画进行发掘、整理和研究，笔者最大的感受是，处于特殊时期和特殊地位的天津，西方文化与中国文化、现代文明与传统文明、官方思想与市民思想、精英理念与大众理念、宗教意识与世俗意识等，相互之间或并存，或对抗，或制约，或碰撞，或对流，或磨合。在外国先进或新奇的科学技术和生活方式大规模地被引进或带进的同时，既有的民俗或陋俗仍然在顽强或顽固地产生着影响，整个城市呈现着多元化的物质状态和精神面貌。

这种纷繁复杂的社会心态和社会现象，使天津既不同于近在咫尺的千年古都北京，也不同于与天津并称南北两大商埠的十里洋场上海。研究天津历史文化的天津学者们迄今难以归纳和总结出自己城市的性质，而这种难以定性的东西恰恰是在一百多年前的那个特殊的社会转型时期形成的。

形象性、知识性和趣味性，是《点石斋画报》的特色，笔者也力争使之成为本书的特色。希望本书的面世，使读者不仅给继往以回眸，也给现实面临的挑战与机遇以思考。

序

前言

下编 分析 / 269

上编 概观

1.《点石斋画报》是"上海的眼睛"

　　《点石斋画报》是一座宝库，一座反映晚清中国社会的图像宝库。

　　《点石斋画报》创刊于1884年5月8日，终刊于1898年，上海出版，全国发行。它是旬刊，每月三期，一般每期八页九图，累计四千七百余幅。该画报封面为彩色纸，由《申报》附设的点石斋书局以连史纸石印，随《申报》附送，也有零售，每期5分。它是中国近代最早的定期石印画报，也是当时最著名的时事画报。20世纪20年代，石印画报逐渐被淘汰，中国画报进入了"铜版时代"，但早已退出历史舞台的《点石斋画报》并没有迅速被世人遗忘。1926年创办于天津的《北洋画报》在第六卷的卷首号刊出武越《画报进步谈》一文，将《点石斋画报》作为中国画报的"始祖"来表彰："在吾国之谈画报历史者，莫不首数上海《点石斋画报》。是报创始于四十余年前，其时初有石印法，画工甚精，极受时人欢迎。去此以前为木刻时代，在吾国未必再有画报者也。"

　　《点石斋画报》能够较密切地联系时事以图像配合新闻进行报道。当时适逢中法战争、中日战争相继爆发，该画报大量刊登此类时事画，"市井购观，恣为谈助"，极受读者欢迎。画报前三期问世后，读者踊跃，三五日即告售罄，报馆又添印数千，又很快卖光。印数一般为三五千册，最高到万册左右，这在当时是个巨大的数字。此外，人们还特别喜爱该画报发表的不乏故事与传说色彩的民间风俗画，和以租界市民日常生活为题材的社会新闻画。为适应石印制版，这些图画均用线描，线条清晰，笔姿细致，构图繁复，刻画入微，既有西画的真实感，又不失中国画白描的神韵。鲁迅评价这些"海派"风格的作品"那真是勃勃有生气"，认为该画报"实在画得很好的"是"老鸨虐妓""流氓拆梢"之类。每幅画的一角都有一段夹叙夹议的说明文字，将画面事件的时间、地点、人物和情节交代得清清楚楚，做到图文并茂，即"两美合并，二妙兼全"。在鲁迅的藏书中，便有四册是从《点石斋画报》中析出而请人重新装订的。《点石斋画报》是《申报》功能的图像化延伸，这样精美的画刊随报赠送，无疑使《申报》如虎添翼，大大增加了人们对《申报》的阅读兴趣。

　　《点石斋画报》的主笔是吴友如。吴友如，友如为字，名嘉猷，江苏元和（今苏州）人，约1840年出生，自幼受苏州民间画风熏陶，笔墨娴熟而风趣，受聘点石斋之前曾应召为朝廷作画，是当时颇有名气的画家和编辑家。他逝世后，有人将其精品汇编为《吴友如画宝》印行。参加《点石斋画报》编绘的还有张志瀛、周权香、顾月洲、周慕乔、田子琳、金桂生、马子明等，都是擅长画苏州年画的名手。

　　《点石斋画报》虽然在上海出版，但报道面却是遍及全国乃至全世界的，包括朝鲜、日本、越南、新加坡、印度、土耳其、埃及、俄国、法国、德国、英国、西班牙、美国、澳大利亚等亚、非、欧、美、大洋洲的国家和地区；上海、苏州、扬州、南京、杭州、宁波、福州、厦门、武汉、九江、长沙、广州、香港、澳门、台北等中国城市，北方则以北京和天津为重点。

　　《点石斋画报》是一份复杂的画报，很难用一句话概括出它的思想倾向性。《点石斋画报》与《申报》之间、画报的主编与画家之间、画家与说明文字作者之间、画报的前期与后期，思路都不尽相同。但是以下几个方面至少能体现《点石斋画报》的特色：第一，《点石斋画报》是在上海这个十分开放、发达、近代化的特大城市里兴办的，属于体现着城市社会文化特征的主流媒体，画家的开放意识普遍较强，对国际国内新鲜事物比较感兴趣，易于接受和宣传这些事物；第二，上海是个移民城市，太平天国运动使上海的移民急剧增加，《申报》的老板是英国商人美查，《点石斋画报》的画家很多都是来自苏州等地，不同区域文化之间的交流、冲突与碰撞直接影响着他们，这种移民文化使得他们头脑中的条条框框比较少，能以宽容的眼光看待事物，并给读者以一定的选择空间，画报整体上也显得很大气；第三，左宗棠有"江浙无聊文人，以报馆为末路"的说法，《点石斋画报》的画家多为不得志、不富裕的中下层知识分子，他们有不满现状和变革社会的愿望和要求；第四，当时上海的报业竞争比较激烈，《点石斋画报》的画家富有报人的职业敏感性，注意按新闻规律搜集素材、绘制画面，使画报办得具有很强的可读（视）性；第五，商人是《申报》的固定受众，"所谓长年定阅之各家，究系何人，盖大率洋商开设之洋行公司及洋行有关系之各商店为多"，《点石斋画报》的读者除了大小商人外，还要加上大量其他市民，因此画报体现出浓厚的趣味主义和市民意识。正是因为《点石斋画报》具有这些特色，它才有可能与天津产生密切的联系。这一点下面将要谈到。

　　在《点石斋画报》停刊百年之后，它的历史文化价值逐渐得到重新认识。陈平原在《晚清人眼中的西学东渐》一文中对《点石斋画报》研究的未来充满信心："伴随着晚清社会研究的急剧升温、大众文化研究的迅速推进，以及图文互释阅读趣味的逐渐形成，《点石斋画报》必将普遍站立在下个世纪的近代中国研究者的书架上，对于这一点，我坚信不疑。研究思路可能迥异前人，可对于这批文化史料的价值之确认，我想，不会有太大的分歧。"在新世纪初几次重要的古旧书刊拍卖会上，《点石斋画报》原件，无论是全套的还是零散的，都以高价位成交，得到收藏家青睐。与之相关的《飞影阁画报》《吴友如画宝》《点石斋画丛》的旧版本的市场价格也在不断上涨。多家出版社对《点石斋画报》进行选编、重印，普遍取得了良好的社会效益和经济效益。特别值得赞赏的是上海画报出版社出版的《点石斋画报•大可堂版》，对原图进行拼接，用电脑重新扫描，使得画面清晰，方便了读者和研究者。

　　《点石斋画报》以"上海的眼睛"（余秋雨语）观察中国和世界，选材、绘图和配文体现的是上海市民和知识分子的思想和情趣。也许正因为此，长期以来它被当作"上海画报"，没有受到一些地方文史研究者的重视。《点石斋画报》有一百多幅是描绘天津或与天津有关的事件，而且其中很多事件对中国近代史进程产生过重要影响，天津是《点石斋画报》里的重头戏，但天津文史研究界同样没有给予它足够的重视，实在可惜。这个空白应该填补，相应的研究应该跟上。

2. 天津是《点石斋画报》里的重头戏

　　天津在中国近代特殊重要的地位,决定了它是《点石斋画报》里的重头戏。

　　天津的特殊重要性,首先体现在它是当时中国政治、外交、军事的核心城市。天津在中国近代发挥政治作用主要有两个时期,一个是史学界常说的"后台"时期,即北洋军阀统治时期,下野的政客、军阀和清朝遗老遗少利用天津租界的保护,借助外国势力,策划和发动政变和战争,遥控北京政局;另一个时期,时间早于"后台"时期,为洋务运动时期,或者说是李鸿章主政天津时期。李鸿章身兼直隶总督、北洋大臣、太子太傅、大学士等显赫职衔,既是排在第一位的封疆大吏,又是清朝中央政府在政治、外交、军事、实业等重要领域的核心人物。面对列强的侵略和复杂的国际形势,中国外交权力重心趋向双元化,形成北京总理各国事务衙门和天津北洋大臣并存的局面,天津成为清政府对外交往的"前台"。坐镇"前台"的就是清政府首席外交顾问和主要外交代表的李鸿章。他曾作为最重要的外交使臣出访世界主要国家,各国使节欲与清政府打交道要先到天津"拜访"他,清政府派出的使臣回国述职也常常先到天津向他汇报。很多史料证明,李鸿章在外交活动中曾经实施过相对的自主权。熟悉中国近代史的人会有一个感觉,在清政府与列强签订的条约中,在天津签订的条约比较多,这说明当时天津在中国外交上的重要地位。李鸿章的督署衙门被冠以清朝"中枢"之称,朝野上下甚至有天津实系"天下兴废之关键"之说。李鸿章在天津主政的这一历史时期,我们可以称为天津在中国近代发挥政治作用的"前台"时期。《点石斋画报》出版时期基本处在天津的"前台"时期。该画报以最多篇幅重点描绘的两大事件,也是该画报最叫座的两大热点新闻图画——中法战争和中日战争,都与李鸿章和天津有着极为密切的关系。

　　天津的特殊重要性,还体现在它是近代洋务运动的中心城市。洋务派为实现中国近代化,学习和引进了西方很多先进技术和制度,同时引进了一批新奇的设备,加上各国租界的设立和繁荣,使得天津处在中国对外贸易的最前沿,开放程度很高,许多方面领中国风气之先。在洋务运动中,天津成为中国人"师夷长技以制夷"的大课堂和实验场,同时也成为中国人模仿和创造近代文明的基地。

　　李鸿章1896年在纽约答美国记者问时说:"只有将货币、劳动力和土地都有机地结合起来,才会产生财富。清国政府非常高兴地欢迎任何资本到我国投资。我的好朋友格兰特将军曾对我说,你们必须邀请欧美资本进入清国以建立现代化的工业企业,帮助清国人民开发利用本国丰富的自然资源。但这些企业的管理权应掌握在清国政府手中。我们欢迎你们来华投资,资金和技工由你们提供。但是,对于铁路、电讯等事务,要由我们自己控制。我们必须保护国家主权,不允许任何人危及我们神圣的权力……"他在天津亲自主办一系列重大洋务事业,使天津迅速成为以近代军工和民用企业为主干的工商业与进出口贸易基地。他接管天津机器局,极力扩大该局的规模,增添新式机器和设备,把该局建成"洋军火总汇",成为亚洲最大的近代化兵工厂。他在天津筹划创办轮船招商局。虽然总局管理中心设在上海,但实权由李鸿章控制。天津是该局北方航线的终端,在天津设立有规模较大的分局,并建立起由中国人经营的近代化运输系统,承揽大量的客货运输,挽回了利权,还陆续开辟了至英美等国的国际航线,盈利可观。他筹划创办开平煤矿,物美价廉的开平煤炭占领了天津煤炭市场,促进了天津工业、运输业的发展。他创办电报事业,试办从总督衙署至天津机器东局的电报线,成为中国第一条电报线;在天津设立电报总局(后迁上海),并建成全国电报线路网络,天津一度成为近代化的电信中心。天津军工企业的创办,带动了民用企业的迅速发展。上述招商局和开平煤矿,都是官督商办的民用企业,它的成功也促进了民用中小企业的发展。天津的新式教育亦有长足发展,军事学堂、科技学堂、医学堂、普通中小学堂、女学堂纷纷涌现,成为中国新式教育中心之一。其中以北洋水师学堂和北洋大学堂最负盛名。北洋水师学堂由李鸿章奏请创办,是中国近代海军教育的基地。北洋大学堂是中国第一所由中国人自己创办的大学,其前身是天津北洋西学堂,由天津海关道盛宣怀创办,是以培养工程技术人员为主的综合性大学。所有这些,造就了天津举世瞩目的辉煌,奠定了天津后来发展的基础。《点石斋画报》特别关注"制度之新奇与器械之精利者",以此作为"新知"向世人传播。诞生于天津的中国政府正式批准"试办"的第一条铁路——津沽铁路,这样的新鲜事物自然成为画家们乐意描绘的题材,天津也就自然成为该画报重点关注的城市。

　　天津的特殊重要性,还体现在它是当时中国的舆论中心和通信枢纽。当时中国社会转型快速,新陈代谢剧烈,阅读报纸、关心时政已经成为市民生活的必需。天津本身就产生事关国计民生的重要新闻,加之距首都北京很近,有相对宽松的舆论环境来迅速传播北京发生的大事,因此自然成为已经比较发达的上海报刊业的信息源。北京发生新闻,天津传递新闻,上海发表新闻,当时中国的新闻传播途径大体如此。天津是中国大陆最早兴办电报事业的城市,中国最早的电报总局就设在天津,津沪电报线路是中国大陆第一条贯通南北的长途通信干线,《点石斋画报》创办时,这一先进方便的通信设施刚刚完成,《申报》和《点石斋画报》恰好利用它及时获得了大量有价值的信息。1882年10月24日,顺天乡试在北京发榜,《申报》驻京访员(记者)将江、浙、皖三省上榜者名单当日送到天津,电传上海,次日见报,距北京发榜时间仅二十四小时。此外,《点石斋画报》还有一些反映京津以外地区时事的图文,也是从天津出版的报纸上得到线索的。

当时的中国,在开放程度、社会结构、经济实力等方面堪与上海相比的大城市,只有天津;天津市民的生活方式和情趣爱好与上海市民有许多相似之处;仅从《申报》刊登的客运轮班广告看,便可知津沪之间人员往来的频繁。这些也是《点石斋画报》关注和描绘天津以吸引上海读者的一个原因。

3.《点石斋画报》全方位描摹天津

在前后十五年的一百多幅图画里，《点石斋画报》描绘了在天津发生的国际大事和国家大事，描绘了出现在天津的世界上的新鲜事物，也描绘了天津社会生活的方方面面。

天津是在《点石斋画报》中亮相较早的重要城市。《点石斋画报》创刊于 1884 年 5 月 8 日，描绘的第一件时事就是中法战争，而天津恰与中法战争进程密切相关。《中法会议简明条款》（又称《天津专约》《李福协定》）和《中法越南条约》（又称《中法和约》《中法新约》《李巴条约》）就是在天津签订的。《点石斋画报》中的《越事行成》一图反映的就是《中法会议简明条款》签订的情况。1883 年，法国扩大侵越战争，迫使越南朝廷屈服，取得了对越南的保护权。在北越，法军向清军挑战，12 月，中法战争爆发，清军连战皆败。1884 年 5 月 6 日，李鸿章与曾久居天津的法国海军舰长福禄诺在天津谈判，11 日签订了《中法会议简明条款》，清政府同意对法越间所有已定及未定各条约一概不加过问，并将在北越的驻军"即行调回边界"，战争暂时停止。此外，《和议画押》一图反映的是 1885 年李鸿章与法国代表在天津签订《中法越南条约》的情况。在中日关系方面，《电报飞传求保卫 星轺移指壮声威》一图描绘了 1885 年因朝鲜政局发生变化，日本意图侵略朝鲜，朝鲜特使航海至天津求见李鸿章，请清朝政府予以保护的场面；《形同海盗》一图则描绘了 1894 年中日甲午战争的一个重要场面——从天津出发并且要返回天津的天津英商轮船"高升"号被日本军舰击沉。

由于当时西方许多先进事物都是通过天津传入中国的，《点石斋画报》介绍它们不遗余力。这方面的图画，比较典型的有描绘天津武备学堂试放载人气球的《演放气球》；描绘驻津清兵邀请洋人共同操练炮队，用装上滚轴的船放在冰河上作为活动靶，隔坡埋雷，用以摧坚破敌的《隔山飞雷》。反映天津兴办铁路和铁路运营初期的图画有多幅，其中画于 1884 年的《兴办铁路》一图，题款简要介绍了火车样式："前一乘为机器车，由是而下，或乘人，或装货，极之一二十乘，均可拖带。"铁路于交通的方便，今人早有所识；而当年铺设铁路却历尽了坎坷。先于天津，上海早在 1876 年就出现了铁路。当时英国商人背着清政府，出资在吴淞至苏州河边的天后宫桥之间偷偷修筑了一条长14千米的淞沪铁路。然而它寿命不长，因为迷信风水的人说它破坏了风水；朝廷认为，洋人擅自修筑铁路，侵犯中国主权；火车在行驶中又不慎轧死了人，事情就更加复杂。清政府下令收购，于1877年10月拆毁，这条铁路竟以悲剧告终。《点石斋画报》推出《兴办铁路》图，配合了《申报》对兴修铁路的一贯提倡和支持。当年清政府拆毁淞沪铁路，《申报》就发表《论铁路有益于中国》以示异议。到了1884年夏天，清廷终于同意修建铁路，只是上谕尚未公布，半真半假的消息纷纷传来，《申报》于是连续发表消息和评论，如《论中国富强之策轮船不如铁路》《准开铁路》《书德税务司璀琳请开铁路条陈后》等，大造舆论。《兴办铁路》图是在修建铁路大势已定的情况下适时推出的。李鸿章是兴建铁路的积极倡导者，他一面批驳顽固守旧势力的谬论，争取清廷支持；一面在自己的辖区里我行我素，造成既成事实，先斩后奏。在他的支持下，方便运煤的唐山—胥各庄铁路于1881年建成，他这才正式奏报朝廷，并故意把铁路说成"马路"。1886年清政府将铁路事宜划归李鸿章掌握实权的海军衙门办理。津沽铁路是李鸿章授意开平铁路公司（后改名为中国铁路公司）修建的。1888年10月津沽铁路告成，李鸿章主持通车仪式并巡视至唐山。《点石斋画报》宣传介绍先进事物，实际上是对中国近代化进程的支持和推动；《点石斋画报》宣传介绍出现在天津的先进事物，也是对天津近代化进程的支持和推动。

　　《点石斋画报》发表的丰富多彩的天津社会新闻画和民俗风情画，大体可归纳为以下几类：一、奇案冤案，如《劫案可疑》《蓟州奇案》《诬良为盗》《杀子报》等；二、打架斗殴，如《津人恶打》《严办混混》《僧道打架》《寻春无赖》等；三、迷信邪说，如《罚令换水》《女巫惑世》《无故杀子》《异端宜禁》等；四、夫妻离合，如《剖腹明心》《遇人不淑》《相逢意外》《现身说法》等；五、自然灾害，如《悉力捕蝗》《八月过年》等；六、搜神志异，如《草偶显灵》《狐女多情》《黄狼搬场》《蝴蝶迷人》等。作者基本以封建道德观看待这些奇闻逸事，同时带有明显的猎奇心理。鲁迅所说"《画报》所画的大抵不是流氓拆梢，便是妓女吃醋，所以脸相都狡猾"，指的就是其中的作品。此外，也有像《法兵肇事》这样的图画，描绘法国侵略军在天津骑马踢死一位中国老翁，而肇事者得不到应有的惩罚，被害者永远含冤于九泉，表达了作者的爱国心和正义感。

　　据笔者观察，《点石斋画报》大体是这样安排版面的：新闻多时，先国家大事，再上海新闻，再外地新闻；先政治、军事、外交新闻，再实业、科技新闻，再社会新闻。新闻少时，补充以时效性较弱的民俗风情画。应该说，这样的安排是比较符合办报规律的。因此，尽管《点石斋画报》描绘天津已经非常全面了，但我们今天仍会发现当时天津发生的某件比较重要的事情并没有反映在《点石斋画报》上，这很可能与上述的版面安排有关。

4.《点石斋画报》补正天津史

　　《点石斋画报》时期，图画是图像（指所有画成、摄制或印制的形象）的主力。人们对时事新闻的关注，存在"先睹为快"的自然要求，而传统的文字记述显然不能实现真正意义上的"睹"，因此在照相制版技术还没有被报刊运用之前，只能由石印画报来填补视觉缺漏。该画报画面基本符合相关的文字记载的，可以视为"准照片"。当时出现过一批模仿《点石斋画报》的画家，上海的《新闻报》和天津的《时报》也随报附送过单张画页，但绘画水平和影响远远赶不上《点石斋画报》。这样看来，《点石斋画报》描摹天津的百余幅图画应该具有珍贵的历史价值。翻阅该画报，确实可以直观地发现以往不知道或者不清楚的天津史事。

　　《点石斋画报》中的时事类图画，既具有新闻真实性，又具有艺术真实性，而新闻真实性是第一位的。也就是说，画家或者亲临现场采访；或者根据《申报》的报道或其他可靠的消息，调动自己的知识储备，尽量描绘出现场的真实感。在保证新闻真实的基础上，适当美化画面，突出重点情节，将人物关系交代得更为清楚，以增强画报的可读性。笔者的感觉是，在新闻真实与艺术真实关系的把握上，在绘画的认真程度上，《点石斋画报》前期作品要比后期作品好。

　　以《点石斋画报》的广泛影响，也不得不重视新闻的真实性。1888年，《点石斋画报》连续刊登了三幅关于西方人如何对待尸体的图画。第一幅是《缩尸异术》，说的是美国一名科学家，"制有药水，能将新死之尸缩成小体，长仅一尺五寸，阔一尺二寸，厚一寸三分，其坚如石，历久不腐，盛以木匣，颇便携带"。第二幅是《格致遗骸》，说英国苏格兰科学家发明了一种方法，将人的尸体熬油，制成碱屑，将骨头粉碎，作为肥料。第三幅是《戕尸类志》，说西方人对自己的尸体并不爱惜，但喜欢做些让人意想不到的奇异之事。法国有人以非常特殊的方式处理自己的头颅。巴黎城外一个人，自刎以前，将头拴在大气球上，自刎以后让大气球自动将头颅拖走，结果被拖到二百里以外的地方，挂在大树梢上。另外一个人更特别，遗嘱留十法郎作为验尸人茶金，要求在其自刎以后，将其尸体一块一块割碎,送到动物园去喂野兽。三幅图画涉及的四个人,一个缩尸,一个煮尸,一个分尸,一个碎尸,文中明说是美国人、英国人、法国人,画面十分生动。这引起欧美各国驻京使节的重视。1889 年 1 月 15 日,德国驻华公使巴兰德代表美、日、英、西(日斯巴尼亚国)、俄、法、比等国公使,总共八个国家,向总理各国事务衙门提出交涉,称《点石斋画报》刊载这些图画,很可能会引起严重的后果。以前中国已经流传过一些谣言,酿成一些案件,"如谓用童睛作照相之材,尸身作西国之药,藉端生事,击害纯良男女,几致重伤"。现在又连续刊出这些图画,处理不好,会闹出大事。这位公使将刊载这些图画的《点石斋画报》送给总理各国事务衙门,"不能不请贵王大臣详阅图说,并望妥速设法,免再有此等愚诈画报,致百姓误干戕咎,并临时变生大故也"。法国驻沪总领事则要求点石斋主人在画报上公开认咎。总理衙门相当重视,当即札知上海道处理此案。上海道龚照瑗转饬会审公廨委员蔡汇沧查办。蔡汇沧传讯点石斋主人,谕令速遵登报,认咎更正。到会审公廨去见蔡汇沧的,是点石斋的"经事"即经理王奇英。王奇英称,点石斋所绘画报,均系采摘各种新闻纸,从不敢凭空臆造。《缩尸异术》一图系据八月初七日《申报》,《格致遗骸》一图系据八月初十日《沪报》。尽管如此,点石斋主人还是很快在《申报》《沪报》登明误会,在《点石斋画报》上发表《画报更正》,然后再译成外文,刊于《字林西报》《晋源报》等报。4 月 17 日,总理衙门复函德国公使巴兰德,告以处理情况,并附有关报纸。4 月 19 日,巴兰德复函,对处理结果表示满意。从此事可以看出:第一,《点石斋画报》附属于《申报》,其老板为《申报》馆主美查,系寓沪英国侨民,但他办报没有受到英国政府保护,只能在夹缝中求生存,遇到麻烦则理不直,气不壮,因此《点石斋画报》不是想画什么就画什么,想怎么画就怎么画,题材、内容、画法都有一定规范;第二,惹了这么大的祸,点石斋的负责人还能说出图画题材均系采摘各种新闻纸,从不敢凭空臆造的话,并能找出确切的消息来源,说明《点石斋画报》的画家画有所本;第三,当时虽然没有新闻检查制度,但读者也不好伺候,他们遇到认为不真实或不该发的图文也要提意见,这次外国公使就把意见提到了总理衙门,不管他们这样做的真正目的是什么,实际效果是对《点石斋画报》实行了新闻监督,客观上保证了画报的真实性。

关于《点石斋画报》的新闻真实性,还可以举个旁证。1884 年武汉黄鹤楼毁于大火,当年 9 月 27 日的《申报》及时做了报道;《点石斋画报》则刊出吴友如描绘此事的《古迹云亡》图,说明文字与《申报》报道基本一致,无疑是画家根据新闻描绘的。近年武汉《长江日报》载文称,这幅图画"绘声绘色","画面气势宏大,笔触细腻,观之如身临其境","栩栩如生";由于当时没有摄影和摄像机,这幅图画和这两段文字的叙述,应该是"记录1884年9月27日晚黄鹤楼毁于大火最真实的史料了"。《点石斋画报》描绘天津时事的真实性,亦可作如是观。

应该说明的是,《点石斋画报》的画家们集中生活在上海,即使当时在天津,也不大可能亲身到一些重大活动的现场去采访,因此他们所绘一部分天津时事画是名副其实"画"出来的,带有一定程度的想象和虚构成分。但是,正如《申报》负责人所宣称的,该报是为谋利而开办的行业,在新闻源、广告、发行等方面,天津都直接关系到该报的经济利益。考虑到天津是北方的舆论中心,《申报》及其《点石斋画报》不能忽视其影响,况且它们还要在天津发行(《申报》刚刚创刊,就通过同治壬申年(1872)五月初九该报《本馆告白》公布,天津已有"代为消(销)售之人",天津成为《申报》在北方最早的发行点),要得到天津读者的认可,画家们毕竟要广泛搜集和认真研究相关的背景材料,以求最大限度地接近于新闻事件特别是发生地点环境的真实性。此外,1884年6月《申报》曾刊登过《招请各处名手画新闻》的启事,特意"告海内画家,如遇本处可惊可喜之事,以洁白纸新鲜墨绘成画幅,另纸书明事之原委",因此也不排除《点石斋画报》请天津本地画家拟稿的可能性。总之,今天看来,这些时事画对于研究天津近代社会历史仍然具有重要的参考价值,完全可以证史、补史或纠史。

《点石斋画报》描绘天津的一些图画,在当时就产生了反响。2002年2月5日《天津日报·满庭芳》"沽上丛话"栏目刊登了魏克晶先生的文章《上海珍藏的文庙〈泮池跃鲤〉图》,介绍了上海璧园珍藏的吴友如所绘反映天津文庙景况的《泮池跃鲤》图。这幅已收入《吴友如画宝·古今谈丛》的图画,描绘天津府学泮池的跃鲤之瑞,有国家需要人才的意思。说来很巧,《点石斋画报》也有一幅相同内容的图画,题目是《跃鲤呈祥》,作者是符节(字艮心)。《跃鲤呈祥》不像《泮池跃鲤》那样全景式地描绘天津文庙,而是舍弃文庙其他建筑而专画泮池,池上的拱桥和池边的棂星门只画一角。池中数尾鲤鱼个头很大,欢蹦跳跃,几位文士正凭栏观赏。《跃鲤呈祥》文字内容与《泮池跃鲤》基本相同,但从题款上看,《跃鲤呈祥》创作时间早于《泮池跃鲤》。吴友如画《泮池跃鲤》时已经离开点石斋书局,很可能是他看到《点石斋画报》上发表符节的《跃鲤呈祥》后,重新构图画出了《泮池跃鲤》。

　　《点石斋画报》描绘天津的图画产生反响，还可举前面提到的《兴办铁路》一图为例。该图所绘火车样式比较原始，共有 6 节，第一节为机器车，第二节为燃料车，司机司炉露天操作；后面 4 节为乘客车，车厢侧面为栏杆，便于乘客观赏车外景色。沿铁道设有电线杆，路旁有人维护路基。天津近代有一幅《铁道火轮车》年画，不仅火车样式与《兴办铁路》图上的完全一样，而且两者构图也极为相似。分析起来，《兴办铁路》图实效性强，《铁道火轮车》年画观赏性强；《兴办铁路》图为较快捷的石印，《铁道火轮车》年画为较烦琐的木刻，因此《兴办铁路》图的出版似应早于《铁道火轮车》年画。由此也可以看出，《点石斋画报》与天津杨柳青年画还有着密切的联系。

　　更为难能可贵的是，《点石斋画报》形象地反映了近代天津民间社会的真实情况，生动地描绘了普通人的日常生活。以往的中国近代史和天津近代史书籍，多是政治事件的谱系，或是少数精英人物的表演，这些虽然是近代化变革的重要标志，但却远不能表现社会变革的广度和深度，更不能反映社会的主体——人民大众的整体生活状态和精神面貌的变革过程。而《点石斋画报》所提供的丰富的社会内容，恰恰是史书所欠缺的。它擅长描绘的民间生活、民俗民风，从夫妻吵架、混混闹事到出殡、祭灶，从火车、东洋车到钱帖、绣花鞋，虽然可能是以零碎的、不连续的、不完整的状态呈现的，但仍可从中窥见伦理道德和社会风尚的变化，哪怕是细微的变化；发现这些变化给天津老百姓的生活带来了什么，给他们的精神世界带来了什么。这些原始却新鲜、普通却真实的画面，记录下活生生的天津人和活生生的天津，遗留下许多值得研究的话题。

一、这部分内容，将《点石斋画报》中与天津有关的图画按发表先后顺序列出。选择原图说明文字之精要加以标点、翻译、评论；对必要的时间、地点、人物和词语加以解释；"概观"和"分析"部分涉及的，这里根据情况适当从简，注明"参见……"。

二、本书图文涉及的地域，既包括当时天津府所属范围，也包括现今天津市所属范围。个别事情发生在外地而与天津密切相关者，或事情发生在外地而消息得自于天津者，亦在此列。

三、吴友如系《点石斋画报》前期主笔及主要画家，因此将《吴友如画宝》中与天津有关的图画作为附图列入。

四、绘画者署名按画上照录，包括姓名、别名、字号。请参阅附录一《与本书相关的〈点石斋画报〉执笔画家简况》。

中编 解图

015-268

1. 甲集《越事行成》（吴友如绘）

中法战争中（1884年5月），李鸿章与法国钦差福尼尔（福禄诺，此人为海军舰长，曾久居天津）在天津商订和约（《中法会议简明条款》）。文字作者希望双方"言归于好，化干戈为玉帛，借樽俎以折冲"，认为这是"国之福也，民之幸也"。

实际上《中法会议简明条款》是清政府签订的丧权辱国的条约，绝非"国之福也，民之幸也"。

此图人物、场景描绘细腻，史料价值较高。

参见分析 1《中法战争与天津》

越事行成

南服不靖
中法交誼
與有瓦解
主期之勢
君相之慮
懷彌甚士
民之義憤
同深此令
將二載夫
乃忽焉而
天心厭亂
世運轉機
欽命辛傅相
與法欽差
福尼兒在
津商訂和
約言歸於
好化干戈
為玉帛普
譚組以折
衝國之福
也民之幸
也 [印]

錫和鼎燮理舍易

吳友如繪 [印]

2. 甲集《雷殛侍者》（金蟾香绘）

　　天打雷劈这种事，西洋人是不信的。有一个英国牧师，带着一个仆人，雇船从山东青州到天津。初七那天，船到唐官屯（今属天津市静海区），狂风雷电发威，将仆人冲到岸上，肩穴上被击破了，有大如拳头的两个洞；由胸至肋，皮肉残破。船的桅杆也被击断，留下深一寸宽二寸的爪痕。

雷殛侍者

雷殛一事由人不信謂礦伏
地中礬物必淺如焰之春末
盛於夏秋至冬則於寫人自焚
觸耳英國牧師票藉一侍者
偕南船由山東青州赴天津
初七日舟火唐官起富雲以風一震
之威將侍者提至岸上肩穴兩洞
大如拳由胸至腸至肉残破而船挽挽則
由頂刖下有水痕深逾一寸寬約二寸徐俱
無恙夫遠物再人恆多不解謂為候術與
未散深信而不疑吳、中狢别有椎衡興

金殥者

3. 甲集《遇人不淑》（田子琳绘）

　　扬州有个才貌双全的女子于氏，自幼父母双亡，靠姑母抚养。十四岁那年姑母病死，姑母的小叔子作主，将她嫁给一个年逾四十的武弁为继室。过门之后，于氏才知道那武弁的嫡妻并没死，还在原籍。后来，那嫡妻得到消息，带着子女赶到扬州兴师问罪，于氏曲意逢迎，才相安无事。那武弁得陇望蜀，喜新厌旧，去年七月奉调到天津后，又娶了一个有钱有势的寡妇。嫡妻得知后，又率全家航海北上天津兴师问罪。武弁见事情败露，周旋无策，便吞食鸦片自杀了。

遇人不淑

4. 甲集《兴办铁路》(吴子美绘)

同治年间,上海筹划铺设市区通往吴淞的铁路,长达三十余里,火车往返不超过二刻。由于政府中有争议,终至失败。(1884年)五月下旬,天津来信说,朝廷已经准许由大沽至天津先行试办铁路。六月二十三日消息,朝廷又颁旨饬令李鸿章筹款建设由天津至通州的铁路。文字作者希望铁路"将来逐渐推广,各省通行,一如电线之四通八达,上与下利赖无穷"。

此图铁路及火车式样描绘真实,史料价值较高。

参见分析 6《历尽坎坷修铁路》

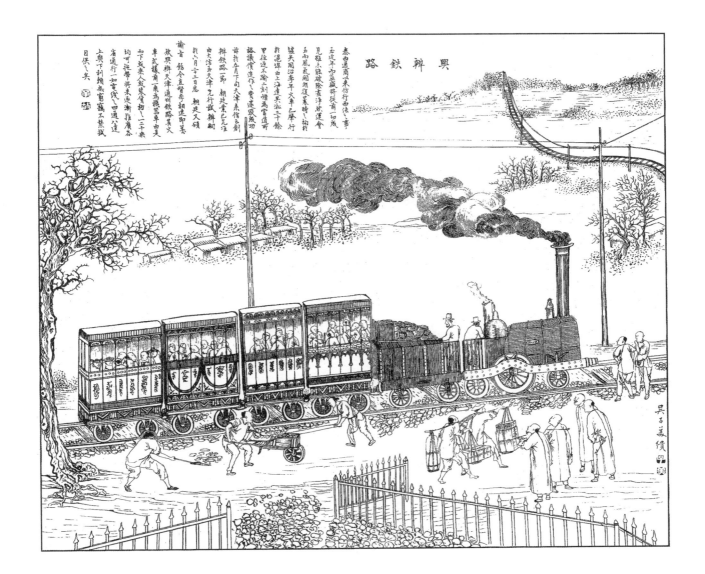

5. 丙集《无故杀子》(周慕乔绘)

　　顺天府宁河县芦台镇（今天津市宁河区芦台街道）某甲今年春天丧偶，遗有一子一女。不久，他娶了继室，非常宠爱。那继室存心不良，无事生非，经常挑拨丈夫与其子女的关系。后来继室怀孕，请来瞎子算命。算命瞎子信口奉承，说这胎儿将来能中状元。临产之日，瞎子又说要吃活人脑子，此儿方可长寿，否则就会短命。某甲受其蛊惑，在继室的怂恿下将前室之子残忍地杀害了。

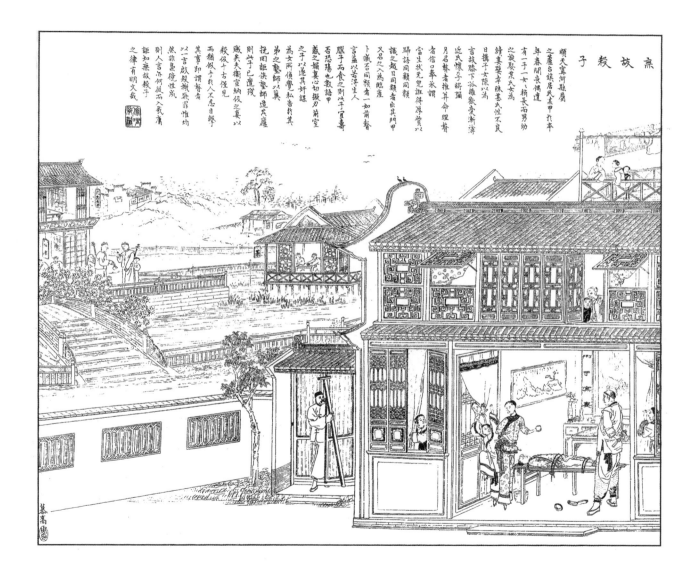

6. 丙集《蓟州奇案》（金桂绘）

　　蓟州（今天津市蓟州区）八间房一位农妇，自乡间省亲独自回家，路上被一个挑担人拦住调戏。农妇从那人的担中掏出一把铁锤将他击倒，以为他死了。天色已晚，她只好到路旁一户人家求宿，一个妇人安排她与小姑同榻。半夜，农妇听到敲门声，一看竟是那个挑担人。农妇翻窗逃出，回家将遭遇告诉了丈夫。丈夫转天去问罪，却反被挑担人捆送官府，告他强奸他妹妹未遂，将他妹妹杀害。后来官府查明，原来是挑担人知道农妇在此借宿，起了杀心，持刀进屋，却误杀了自己的妹妹。

薊州奇案

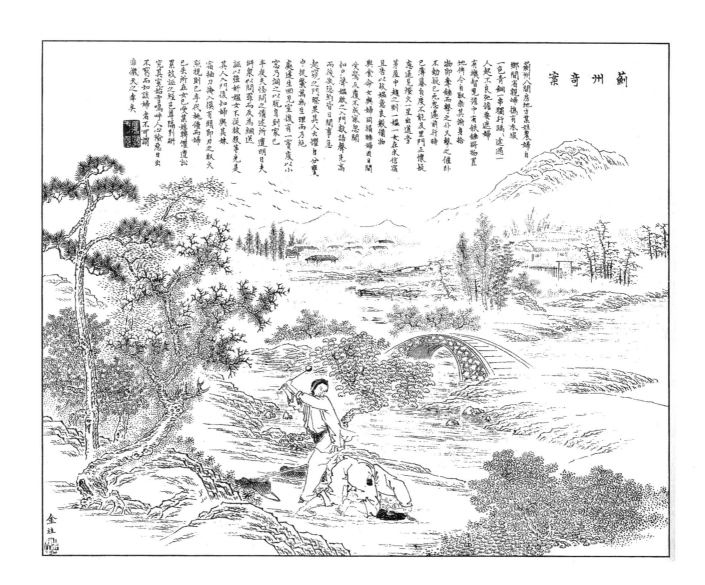

薊州人間房地方某姓惠婦自
鄉間省覲婦携乜承領
一乜青銅一串獨行歸途遇一
人起不良乜語要遮婦
有機智見擔中有鐵鍬與物置
地傅令乜取乘彼歸物置
物即拿鐵鍬而斃之乆勢之偃卧
不動疑乜乆恣逼前行時
乜薄暮自度不能及里門正懷畏
處遙見燈火一里出道旁
茅屋中趨之則一嫗一女在家信宿
且乜以故嫗意良賴懼物
與食命女與婦同榻睡婦目間
安駕及嬃不成寐忽
扣户聲嫗啟之入門數語聲先高
而後恢恐約皆日間事急
懇窈之門嫗果其大懼自分斃
中一捉驚蕭無生理而乃乜
處遙生回見室後有一窨度以小
窓乃洞之以脱身到家乜
半夜夫陸開之備述所遭明日夫
餉泉以聞罪而反為細
其人入門後知嫗女不從被殺等先是
誑心強奸嫗女不從被殺等其妹
宿廂抽刀掩入身即刀之取火
照視則乜夫代其姓懼而婦
乜失所在女乜受其姓轉懼遭松
累玟坂經呂算隔別餅
究其寅焰雪鳴呼人心險惡日出
不寫石知諒婦者不可謂
非徼天之幸矣

金桂

7. 丙集《电报飞传求保卫 星轺移指壮声威》(金桂绘)

（1884 年甲申事变后）朝鲜特使航海至天津求见李鸿章，请求清朝政府予以保护。

参见分析 2《朝鲜甲申事变与天津》

電報飛傳
求保衛
星軺移指
壯聲威

二十三日朝鮮通商衙門請各國領事官先
往濟物浦與日使竹添進一郎商議經受事
宜一面授禮冒參判徐相雨為全權大使拯掾
議訓之穆麟德人也兩為朝鮮辦理通商
事務現贒共買參判之職同赴日本國實遺
圖書行抵濟物浦適日本之新公使井上馨至
遂止廠行一面中朝求為保護再遣使致
滿先至天津求李傳相代為奏聞
皇上餉念藩屬三百年來曾無失德意兩國其何
堪屢遺遣不遠耶
即派吳清卿靖燕甫兩使且星夜馳赴高麗臺
辦一切

金桂

8. 丙集《法人残暴》（张志瀛绘）

　　本月初二，旗昌行保大轮船由天津开赴上海，途中看到法国兵舰拦截中国货船。法军劫掠船上货物，抓走船员充当工役，还将船焚烧。文字作者认为法军"行径直似海盗"。

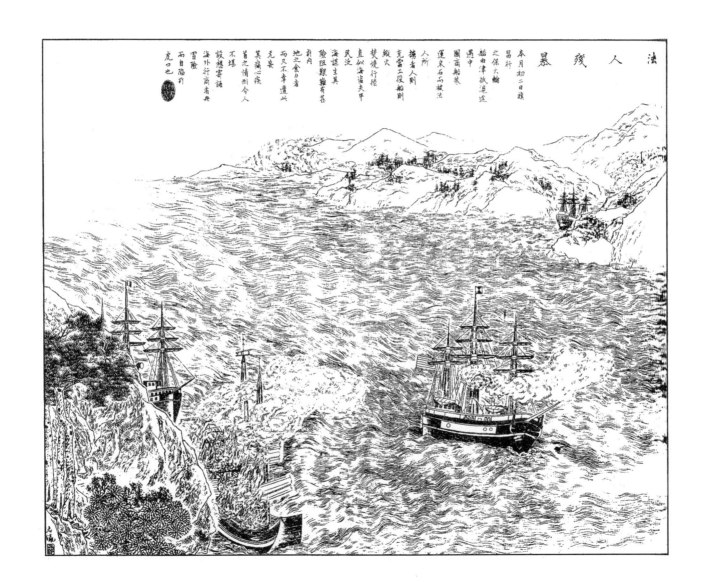

法人残暴

本月初二日禀
昌行
之保大輶
船由津振混途
嗎中
國商船装
運来石而被法
人所
携者人則
克富工役船則
縱火
焚燒行煙
直似海盜夫平
民沒
海謀生其
陰阻艱難有甚
我内
地之食刀者
而又不幸遭此
无妄
其禍心疾
首之情形令人
不堪
設想寰語
海外行商者丹
冒險
而目陷行
虎口也

9. 丁集《破奸自首》（金蟾香绘）

　　天津有个水手，长年生活在船上，即使回家探亲，也是来去匆匆。他的妻子耐不住寂寞，就勾搭上一个男人。上个月，水手得知，于是半夜回家，将妻子及其奸夫杀死。第二天一早，他提着两颗人头去官府自首，街上行人都驻足观看。文字作者认为妇人有外遇必有其因，"北方风气，刚劲且以好汉自居，然而无足取也……不得以其自首而曲恕之也"。

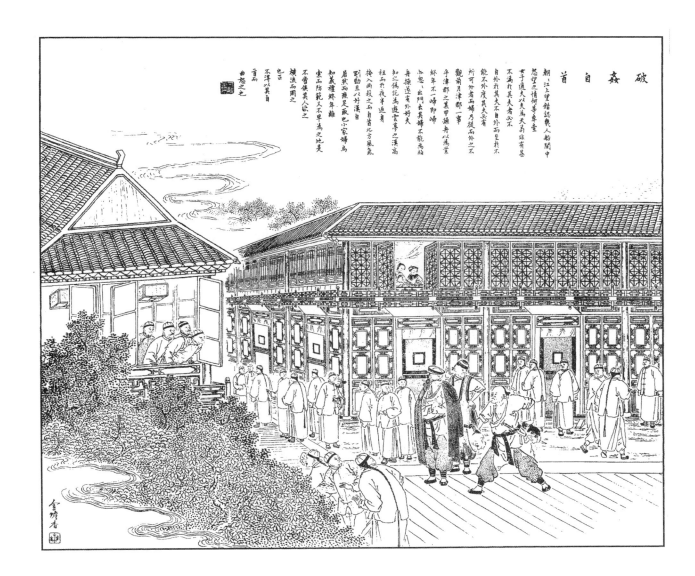

破
姦
自
首

朝＝江上望錯認艷人船閒中
想望之情何等專壹
女子通夫以夫為天而非有甚
不滿於其夫者必不
自外托其夫夫而至我不
能不外度其夫夫必有
所可外者而婦乃徒而外之不
觀前月津郡之某甲擁舟以為業
妻年不一婦即婦
而怨、此閒去其婦不能為捕
身操送＝有外好夫
知之偶托為避雲亭之漢高
祖而托夜半返賀
擁入兩致之而自北方風氣
到動且以好漢自
居其然而無足取己家婦為
知義禮姦年難
宗而防範大不旱為之地是
不肯使其人欲之
横流而周之
巳正
不淳以其自
首品
曲怨之也

金墱署

10. 丁集《和议画押》（吴嘉猷绘）

  中法之战，打打停停，已经三年多。谅山一战后，法方有议和的愿望。（1885年）清政府以李鸿章为全权大臣，并且特派钦差到天津协助他，与法国公使巴德诺（脱）及各国领事商议条约，同时画押。交换和约时，有中外官员三十多人参加，李鸿章、钦差与法国公使居中正座，并且鸣炮奏乐。文字作者认为："从此珠盘玉敦，修好偕来；航海梯山，输忱恐后。宜乎沪上军民闻此佳音，莫不欢欣鼓舞，谓能靖干戈以玉帛也，休哉。"

  实际上《中法越南条约》（又称《中法新约》）是清政府签订的丧权辱国的条约，中国军民不可能"欢欣鼓舞"。

  图的左上角为《中法新约》内容。

  此图人物、场景描绘真实、细腻，史料价值较高。

参见分析1《中法战争与天津》

11. 丁集《妖胎志异》（吴友如绘）

　　天津有个妇女生了一个婴儿，头上长了两只角，巨口獠牙，牙齿长出口外寸许。家里人十分害怕，将这婴儿弃于城墙下。第二天早晨被过路人发现，消息传出很远，很多人都来围观。

12. 丁集《逼孀为妾》（金蟾香绘）

　　宝坻县一户人家，公婆将寡妇儿媳卖给富户为妾。那女子不从，公婆就用红布将她的手捆住，硬塞进迎亲的驴车。拉车的毛驴听到女子呼天抢地的声音，似乎知道了她的不满，就径直将车拉到县衙门。县官审讯后，判公婆一家笞刑，还重罚了那个富户。女子的名节得以保全。

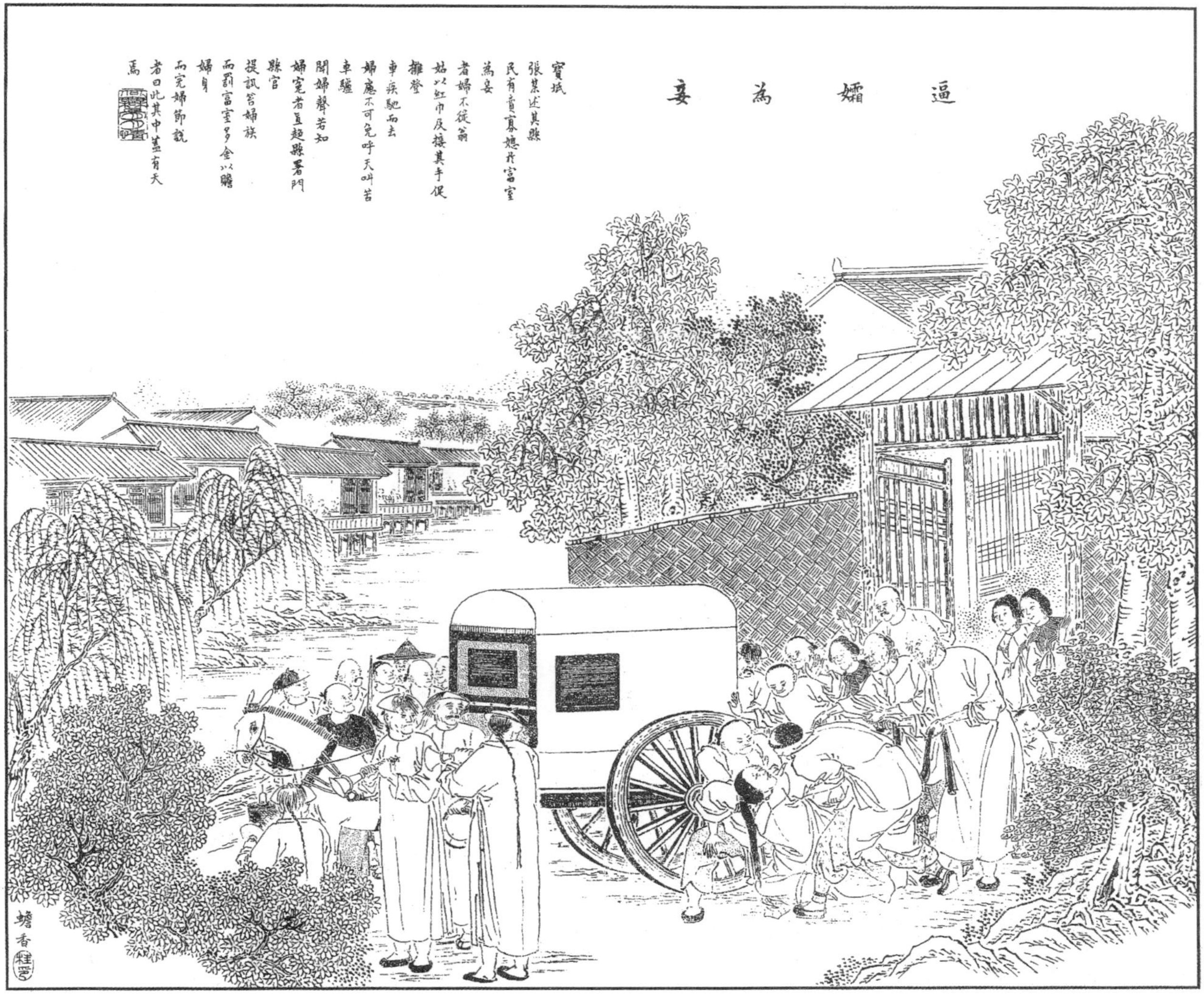
逼孀為妾
寶坻
張某述其縣
民有賣寡媳於富室
為妾
者婦不從翁
姑以紅巾反接其手促
擁登
車疾馳而去
婦慮不可免呼天叫苦
車驢
聞婦聲若知
婦冤者直趨縣署門
縣官
提訊笞婦族
而罰富室多金以贍
婦身
而完婦節說
者曰此其中蓋有天
焉
蟾香

13. 丁集《悉力捕蝗》（吴友如绘）

　　（1885 年）梅雨过多，南方数省均遭水患，而北方又遇大旱。宝坻县一带从四月末到五月初蝗虫遍地，庄稼损失严重。虽然乡民尽力捕捉，也难以除灭。据说近日下了雨，蝗虫随即死去。

　　参见分析 17《灾害和疫病》

虑力捕蝗

今年梅雨過多雨遍數省
均雨水患而北地久晴
漢乾蓋不均則偏則患也
京東實坻縣逺南各
村落自四月杪至五月初蝗虫
徧地傷害禾稼農人
竭力撲捕而不能盡絕闢
日内已得甘霖而
蝗不能死幸歲稔見天
心之仁愛也

14. 戊集《二美独占》(管劬安绘)

　　刘某在京候选官差,他用五百金纳了一妾。此女蛮腰素口,绰约宜人。一次刘某到天津办事,返京那天,途中遇到一个美女与两个媒婆乘车而过。刘某发现车上的美女很像自己所纳的妾,便急忙赶回家,看见小妾在家。他把两个媒婆叫来,问她们刚才车上的美女是谁,媒婆说是他小妾的妹妹。刘某十分高兴。媒婆将美女招来,刘某一见,发现她容貌很像自己的小妾,只是更有风韵,便又花五百金将她也纳了妾。

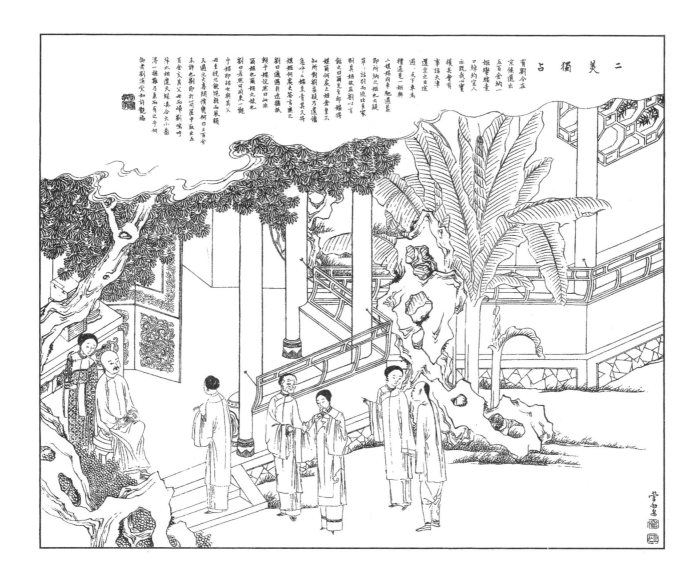

二美獨占

15. 戊集《五足巨鳖》（吴友如绘）

　　七月下旬，天津雷雨大作，将一只大鳖击死在河东一户人家的屋后。这只鳖奇大无比，且有五只脚。文字作者认为"天道无私"，虽然不清楚这只鳖是如何害人的，但它怪模怪样，肯定罪孽不轻。

五足巨鼈

囷人
之人縱逃囷典災伏冥誅富擊乎
其顯
然也而囷人之物示如瓦津門耶
七月
下旬雷雨大作擊斃一鼈折河
東某
家屋復其大無匹驗之足有五
雖不
詳說鼈之如何害人而其形既
異者
其妻父淇天道無私詎無罪而
誅耶

16. 戊集《王八能事》（吴友如绘）

　　天津徐家冰窖东有王氏兄弟三人，分别叫作王六、王七、王八。这王八年轻而好事。这天正赶上药王庙会，王八就在门前搭了看台，请亲戚朋友来看庙会。邻居韩某趁着看台之便，也邀了与他关系不错的水利官员的家属到王八的看台上看庙会。由于人多台窄，双方发生口角，水利官员家属愤然而去。没过一会儿，就有四个皂靴红帽自称汛兵的人来捉拿王八。王八不但不怕，而且斥责汛兵职责不分。四个汛兵听了，吓得不敢上前。

17. 戊集《法兵肇事》（田子琳绘）

　　天津大沽口外，停泊着法国兵舰。舰上的水手每天下午都要登岸饮酒，而且每饮必醉，醉了就横行无忌。百姓畏之如虎。近来法兵又以骑马为乐，行人躲避不及，往往被撞倒。上个月十二日，又有水手纵马奔跑，在大英医院门前撞倒了一个姓高的老头。马蹄恰好踏在他的脸上，口鼻遂成血饼，没过一会儿就死了。天津县令照会法国领事及会审西员，要求他们处理此事，但西方法律没有死刑，那么老人的冤屈就无法伸雪了。

　　参见分析 4《法兵肇事与天津的"会讯公所"》

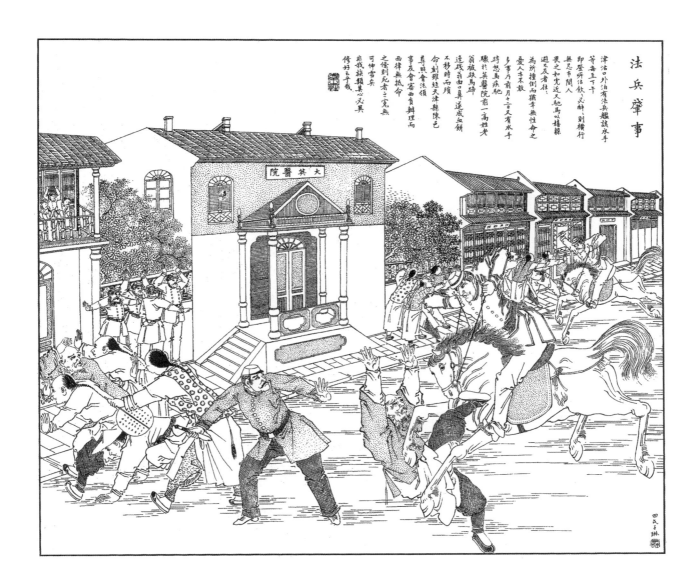

法兵肇事

津沽口外泊有法兵艦該水手
等每旦下午
即登岸沽飲义酔。則橫行
無忌市閒人
畏之如虎近天馳馬以嬉縣
過不及者往。
為所撞倒而猶幸無性命之
憂人多不敢。
多事乃前月十二又有水手
時怒馬馳
驟於英醫院前一高姓老
翁被跌馬斃。
遂斃翁面口鼻逐成血餅
不移時而頂
命劉雖經天津縣陳已
尊貼會法領
事及會審西員辦理而
西律無抵命
之條則死者之宪无
可伸寃兵
非我族類其心必異
修好五千載

18. 戌集《津人恶打》（金蟾香绘）

　　天津紫竹林租界的郭大、郭二与薛氏兄弟有矛盾。上个月，他们各纠集一帮人在法租界持械打斗。混战中，郭大头额被砍伤，郭二手指被砍掉三个，而薛四倒在地上还在不停地喊打。观看的人站在几百步外，但没有敢上前劝架的。文字作者认为："北方风气刚劲，自古已然。地气为之，虽百世不易也。"

　　参见分析 15《天津的"混混儿"》

津人恶打

北方风气刚劲自古已然地气使之雖百世不易也前月天津紫竹林有郭大郭二者兄弟有姨原各挟拢招刀名之手指去其三声四已力場中一混战郭大砍傷郭頭二郭西郭之於國争鬥託法租界堂羽爭鬥託法租界中一瑁倒地猶唱打不止口觀者追無人要立數百步外雖唱住一人敲代上前攔阻者真恶打也姓盦韋宛而不厭二語不啻海若韋寫照

19. 庚集《牝鸡司晨》（金桂绘）

　　天津城鼓楼西有个人好赌而惧内，平日外出，一举一动，他的妻子没有不知道的。一天，他去亲戚家，见有人玩叶子戏，便忘了顾忌，赌了个通宵。第二天一早，他的妻子得知，就到亲戚家找他。一见妻子，他立刻吓得面无人色。众人平时就知道他妻子的厉害，也停了赌局。他的妻子说："有时间偶尔玩一次也不算什么。我是怕他在外嫖娼，现在知道他在这儿，我就不担心了。"于是笑着走开，还让侍女拿钱助赌。众人重新开局，都称赞其妻贤德。不料，他的妻子突然出现，手里拿着一把刷厕所的扫帚，上面还滴着屎尿。她一把抓住丈夫的辫子，让他吃屎。丈夫连声哀求，她才饶了他。文字作者称这位妻子为"绝妙内政"。

　　牝鸡，即母鸡。

20. 庚集《劫案可疑》(田英绘)

　　两个镖师押着镖车投宿顺天宝坻县(今天津市宝坻区)城南的一个乡村小店。镖师见此地荒僻,怕有歹徒。店主人说他家父子七人都会拳术,来一百个劫匪也不用怕。夜里来了一帮劫匪,被店家和镖师打跑。店家和镖师正在庆祝时,忽然来了几个县役,不由分说便将店主和镖师抓走。原来这伙歹徒抢劫未遂,便到县官那里报案,谎称自己是运官饷的人,路遇黑店被劫。县官不知真假,便来抓人。这帮劫匪在县役把人抓走之后,闯回店中,不仅劫走镖车,而且把店主全家杀死。文字作者评论:"此事破绽甚多,牵枝带叶,线索不清,姑作东坡泥人说鬼观何如?"对糊涂县官乱判案乱抓人很有意见。

21. 辛集《严办混混》(符艮心绘)

　　北方一些无业游民横行乡里，受害者忍气吞声。天津道胡云湄观察上任后，立即将著名混混乔三、李焕章抓来，先把两人的头发剃掉，只留丫角辫，再在他们背上插上三角旗，标出他们的姓名、罪状，带上镣铐，游街示众。然后将他们监禁起来，直到洗心革面，重新做人。文字作者称赞这位观察的做法"卓然有古君子之风"。

　　混混，旧时指天津的地痞、流氓、无赖。

　　参见分析 15《天津的"混混儿"》

严
辨
混
混

22. 壬集《无头案》（田英绘）

　　十一月六日，在天津河北护卫营濠沟中发现一具无头男尸，而头颅在距离濠沟一里的徐氏荒地上找到。验尸发现，死者脖子上有锯齿形刀痕，大约十七八岁。身上衣服不整，好像不是谋财害命，也不是因奸情而致死。由于没有亲属来认尸，要破此案很不容易。

兼头案

津郡河北镇衡漕务中在十一月
初六日有兼首号尸一具距漕一
里许已徐姓筑地上浮头顾一
个地方据情报异色怯惮
同刊件相验顾项阖月痕
如锔圉年约十七八月上
贺穆不完似非谋附异
命乐非因杂致觉并
兼观屑顯锔破模
山手球为不易然
两邇逮有時善
在賢逮免之理是
兼事免母息污
以求己耳

23. 壬集《隔山飞雷》(马子明绘)

　　去年(1886)冬天,天津河水结冰坚实,当局邀请洋人共同操练炮队。把装上滚轴的船放在冰上,好像是可进可退的敌船,作为活动靶。采用隔坡埋雷的方法,发射炮弹击中地雷,加以引爆,如果敌人正好在上面,将会全军覆没。隔山埋雷是一种创举,威力巨大,足以摧坚破敌。文字作者认为中国军队操演要"悉崇西法,师所长以救所短",当务之急是"陆兵演阵,水师操轮"。

参见分析 5《演放气球与天津武备学堂》

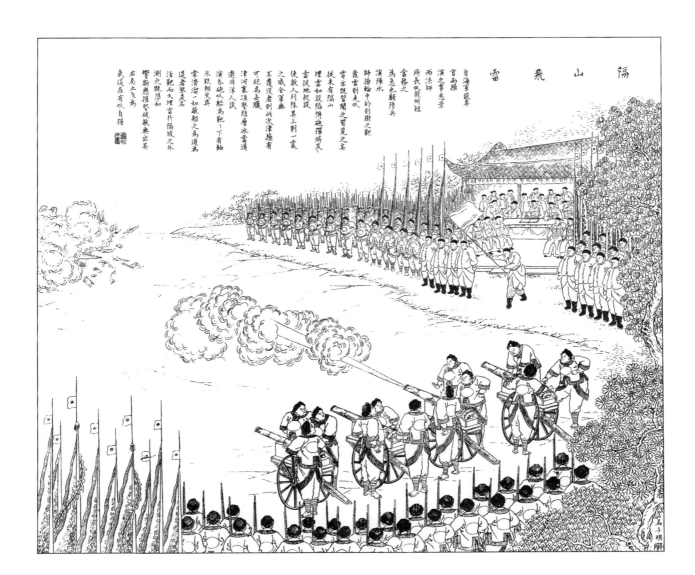

24. 壬集《两头猪》（金蟾香绘）

　　据日报记载，天津城中有人看见一个乞丐怀抱一头刚出生的小猪，黑色的身体，上有白色的花纹，四只脚，没有屁股和尾巴，前后各有一个脑袋。看见的人觉得十分奇怪，就把它画了下来，四处扩散。

兩頭豬

據日報述津郡城中有人目觀一豕
懷抱有生之小
豚一頭黑質白章一身四足無臀見
而前後具有兩
首見者以為大奇乃為繪圖貼說四處
傳觀而實驟如
此類者多出自誕妄好奇者憑空結撰
以快其口舌而
駭人聽聞而耳食之徒又從而附會之吠
證其確鑿及今
見圖畫集鼠中所繪各種圖象有非獨
雅山海經等書
所能備載無遺者少所見而多所怪
轉不免貽譏代
大雅也無已為反子輿我之言曰不信
書則不如無書

25. 癸集《虐侮盲人》（张志瀛绘）

　　天津人孙某生性刻薄，看见一个盲人在门口算命，就恶作剧地将一串爆竹挂在盲人的三弦琴上，点火燃放。盲人吓了一大跳，把琴扔在地上，弦断鼓裂。盲人大骂，而孙某的父亲受不了辱骂，竟然挥拳打了盲人一顿。文字作者批评孙氏父子："此种人固未必曾读《论语》，而其暴戾乖张至于此极，要不可以寻常戏谑论也。"

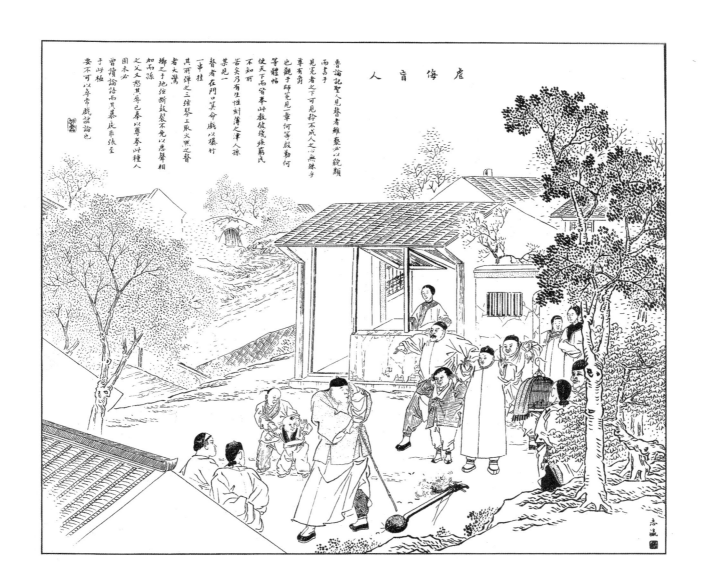

虐侮盲人

景論記聖人見瞽者有雖藝必以齡類
而斯于
見瞽者之下可見拾于不成人之心無㨔手
尊有爵
也觀于師見一章何等殷勤何
等體帖
使天下而督奉此教敲敲疾寡民
不知所
苦矣乃有生性刻薄之津人孫
其見一
瞽者在門口算命以壞竹
一車桂
其所彈之三絃琴上取火興之督
者大驚
擲之于地絃斷敌裂不免以惡聲相
如而孫
之文又怒其身已奉以尊奉此種人
固未必
曾讀論語而其暴庆乘張至
于此極
要不可以年帯戯誤論也

26. 癸集《拿获拐妇》(符节绘)

　　武清县农民王大年外出，回家时天色已晚，路上遇见他的妻子跟着一个不认识的妇人往西面走。王大年问妻子去哪里，其妻不回答也不回头，却走得更快了。王大年发觉情形不对，跑上前去将那个领路的妇人抓住。他喊来村里人，从那妇人身上搜出一包药粉、两把剪刀。他的妻子已经神情恍惚，面容痴呆。用冷水喷她的脸，过了一会儿才清醒过来。她说，她在家里，看见那妇人径直进来，还没来得及问话，自己已经迷糊了，也不知道怎么被带到这里。众人要把那妇人扭送官府，王大年并不同意，认为自己的妻子没丢已是万幸了。

拿獲拐婦

武清縣鄉人王大午者家
僅一
妻王偶出外勾當歸時已暮路遇
其妻
隨一外路婦人向西而行王
即以
何往且妻不答亦不回顧
而步
雁笈送王知有異疾趨
而前
將引路之婦人扭住呌聲一
呼村
農咸集擁其身得藥一色箭刀兩
把及
閒且妻則神珠恍惚形乃若痴宗乃以冷
水噴
而良久始醒自言在屋申時時見此婦無
端直
入待欲問訊而心急迷周亦不知如何到
此也
衆欲將此婦觧送官府王搖首以
吾四
以我喪妻而得妻已出萬幸以若
示為
是欲隳我賣妻以徇也是得而
仍喪
此為子可為子可

27. 子集《罚令换水》（田英绘）

　　近来天津疫病流行，同文堂一个刻字匠误听谣言，说用柴胡、管仲浸泡在水缸里可以治病，并且功效神速。于是他抄下这个方子在梁家嘴一带传播。可他不知道这两味药性主疏散，喝了这样的水往往吐泻。有一位张学究很气愤，想控告这个刻字匠，经旁人调解，罚刻字匠为每家挑换新水，并偿还每家药费八十文，才算了事。文字作者认为"有百病丛生之人，无百病兼治之药"，刻字匠"无知妄作"，实是咎由自取。

　　参见分析 17《灾害和疫病》

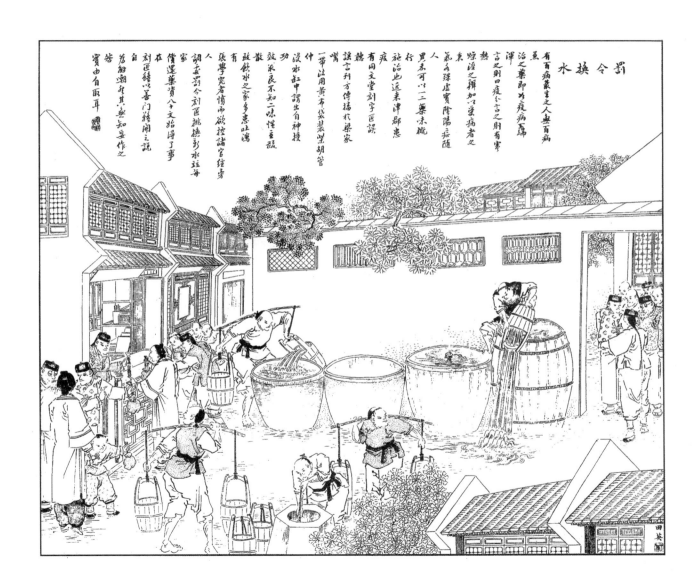

28. 丑集《偷儿风雅》（金桂绘）

　　天津永丰屯（在城西吕祖堂一带）姜氏，家中藏书很多。上个月的一天夜里，来了几个偷书贼，其中一个拿本诗集翻阅，竟读出声来。仆人听到，大喊起来，吓跑了这几个贼。有人写诗赠给那些风雅小偷："风清月白夜迢迢，辜负蓬门走一遭。架上破书三五卷，不妨将去教儿曹。"文字作者感叹："吾谓近世所号称文学士者，大都剽窃陈言，拾人牙慧，特不至于探囊发匮耳。"

偷兒風雅

當有竊上榻偷兒

詩云

風清月白夜道上

卓頭

逕門走一遭架上

破書

三五寒不妨將去

放兒

曹諭之今人解頤

不謂

此輩中固不乏風

雅士

津詫永豐屯姜氏

多藏

書郃架曹信差湛

擬富

前月某夜急夜偷

書賊

數人內一賊取得

詩集

一寒信手披吟被

齋僮

知覺大呼弥逃人

謂其

品雜汗其志頤雖

而吾

謂近世悉辭稱文

學士

者大都剿竊陳言

拈八

牙慧持不足於探

橐囊

逕耳竊其實不竊

其名

視此輩不争

一閒

29. 丑集《脱帽露顶》(金蟾香绘)

　　天津北门一带是交通要道,近日新添了许多东洋车,路上就更挤了。有一个人在路边散步,一辆东洋车在他身边擦过,他的辫子绞在车轮上,车轮转动,竟把他的辫子和帽子一起拉下来。车夫惊慌失措,而那个人却只顾用两个袖子蒙住脑袋,好像感到很羞耻。过路人一看,这个人原来是个秃子,只不过是戴了个假辫子而已。

　　参见分析 8《天津的东洋车》

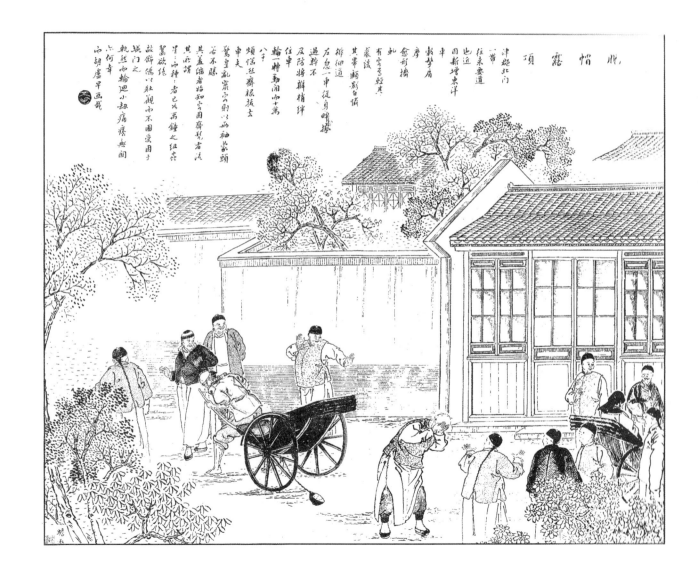

30. 寅集《歌舞台空》（田英绘）

　　天津地面繁华，为娼优和匪棍聚集之地。匪棍中大王二和小王二最为嚣张。他们率领党徒光天化日之下去如意茶园强抢数名歌妓，茶园主人花了很多钱才把她们赎回来。文字作者认为："大凡地方之足以肇事者，曰娼优，曰匪棍。禁之孰先，曰先匪棍。"匪棍藐视法律，横行霸道，实是地方一害。

　　参见分析 15《天津的"混混儿"》、16《协盛及天津的茶园》

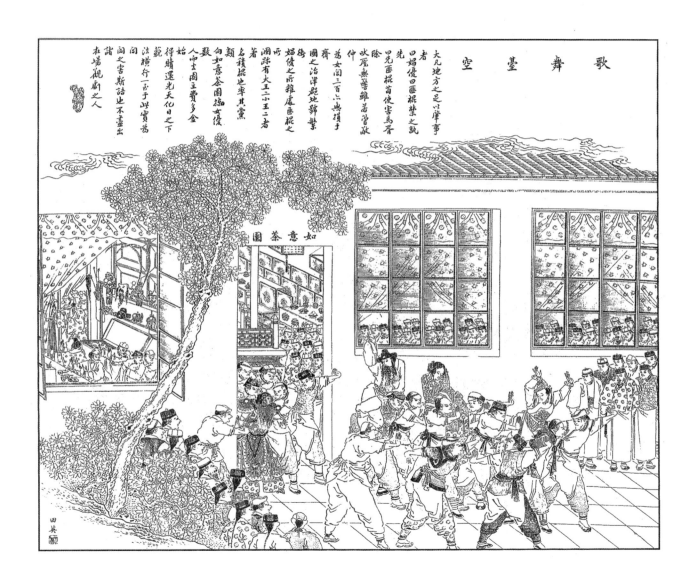

歌舞臺空

如意茶園

大凡地方之足以摩事
者曰娼優曰匪棍禁之試
先光匪棍苟使害馬脊
除娼優之所雜處匪棍之
所娼優之所雜處匪棍之
潤路有大王二小王二者
著名積棍也率其黨
類如意茶園挾妓優
數向為女閭三百六典損于
舞國之冶津開地辟槃
始人中王國主費多金
得賄運光天化日之下
觀擅行一玉于此實為
閭之害斯誥迄不盡出
諸在場觀劇之人

田英

31. 卯集《凤化凫飞》（张志瀛绘）

天津有个妇人十分美艳，裙下双足更是令人销魂。她喜欢在热闹的场合卖弄风骚。一天，金家窑同善火会有戏上演，名班登台，她就雇了一辆车前来观看。在停车的地方，几个恶少见她穿的凤头鞋制作精巧、光彩夺目，就猛然脱下她一只鞋，往来抛掷，哄抢戏耍。观众都不再看戏，争相传看这只凤头鞋，喝彩声超过名角登场献艺。

参见分析 21《天津的绣花鞋》

飞 化 凤

鳳化飛

32. 卯集《孕龙述异》（金蟾香绘）

　　天津某村有个孕妇怀胎已久，过期不产。一天，腹中胎气蠕动，像有东西蜿蜒而上。孕妇正在疑惧时，天上忽然雷电交加，随着一声霹雳，有东西从她的喉咙中冲出，破窗而去。家里有人看见说，那东西像一尺左右长的蛇，鳞角俱备。再看那妇人，已经昏厥，其腹空空。

33. 巳集《柳树成精》（符艮心绘）

　　天津土娼柳氏，貌丑而善淫，涂脂抹粉，倚门卖俏。很多人争相狎之，居然使她名噪一时，门庭若市。因为她姓柳，人们都叫她"柳树精"。文字作者据此联想到"京调盛行则昆曲废，新戏层出而院本衰"。

柳樹成精

天津土娼柳氏貌醜而善淫
塗抹脂粉倚門賣俏北方人多趨健
以其工
媚爭狎之名噪一時門庭
若市成
呼之曰柳樹精夫東施
嫫母顧
影自憐遇大賈賈牧豬
奴嗜痴
成癖愛戀不舍且目為溫
柔鄉足
以移情蕩魄即海上烟花藪
中亦尠
有此種雲業雨窟蓋登徒
子避逅
夜度孃嗜好既同刀刃悉敵
輒覺管
絃歌舞為取厭之具所謂
醉翁之
意不在酒也故京調盛行
則崑曲
廢新戲層出而悅本衷

34. 巳集《眸子眊焉》(张志瀛绘)

　　天津人谢某是个近视眼,但却风流自赏。一天,门口的女鞋店来了一个绿衣女郎,要买绣鞋。她连着试了十几双,都嫌太大。店主拿出最小号的鞋让她试,结果恰到好处,就买走了。谢某尾随其后,见她进了一座寺庙就不见了。只见三间破屋和两个老和尚,西北角还停着一口棺材。谢某戴上眼镜细看,上面写着"三女秀姑之枢"。他回家就生了一场病。痊愈后,他又路过那里,见那绿衣女郎站在庙旁的破屋旁,双脚特别瘦小,才知道那天她走进的是这破屋而不是寺庙。

　　眊,即眼睛昏花。

35. 巳集《观西戏述略·直上干霄》（吴嘉猷绘）

这是到上海演出的车利尼马戏团的一个节目，很像天津人表演的《三上吊》：在屋梁上贯穿粗绳，人抓着粗绳爬上去。屋顶垂下一根铜棍两端系绳的悬架，荡在空中。表演者为一女二男，其中二男倒挂，互相攀接；一女头朝下，用脚背勾住绳索，动作自如。下面张着一张大网，防备他们跌下来。文字作者借用《洛神赋》中的"翩若惊鸿，矫若游龙"来评价这个节目。

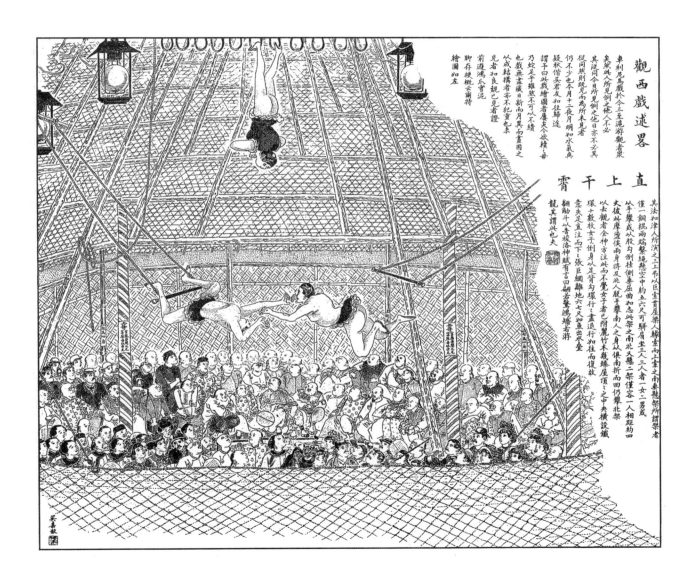

36. 巳集《涓滴不遗》（吴嘉猷绘）

　　直隶沧州（当时属天津府）的酒最有名，有些巨族大家的酿酒技术绝不外传到民间。但这些酒运到外地，味道就不那么纯正了。河间纪公家举办寿宴，仆人李荣乘机偷了半坛酒，想独自享用。睡觉时，他听到坛子里有鼾声，就摇摇坛子。坛子里有人说话："我醉了，要睡觉，不要打扰我。"李荣听了，摇得更厉害了。坛子里忽然探出一颗人头，李荣就打它耳光。人头一摇，坛子旋转，碰碎了，酒流遍地。房梁上又传来声音："只许你偷，不许我偷？你既然喜欢酒，我又不能喝，那就还给你吧。"接着是一阵呕吐，脏东西淋了李荣一身。

涓滴不遺

直隷滄州之酒最著名邃酒之法出巨室
民間不傳其秘歷年愈多其味愈醇
遠地即弗良故不能運至他所時河間紀
公家有喪巾奴子李榮派司茶酒李
蓋半豎於其房歸寢思獨酌間聾中
有新聲怪而擻之新益喜擇子
歡眠鬮勿擾李怨中忽語曰我醉
引之則一人首出罌口漸巨如斗漸巳
拷樓李执其類則掉首一搖進豎族轉硏
然一聲觸聾而碎酒流滿地杀頻足極
罵聞樂上文語曰許我盜耶爾
既惜酒我又不勝酒請遠爾據其項
而嘔自頂至踵淋漓貼徧晓嵐
先生曰小人貪冒無一事不作
姦精料理之末蔑過先
生此語眛售永而此
怪之處治此事
亦兀當而談
諸

吳嘉猷

37. 午集《黄狼搬场》（金桂绘）

　　一天，天津北门外侯家后一带有黄鼠狼成群结队，从永聚楼饭馆迁到万有栈。它们还盘踞在五大家中的一家，十分狡黠。最近，城西李家楼李某发现粮食少了许多，非常气愤，就让家人用柳条向空中奋力抽打，嘴里声讨黄鼠狼的罪行。果然出现了求饶的声音，并现出了黄鼠狼的原形。如今，这些黄鼠狼已经搬走。

38. 午集《尸产》（吴嘉猷绘）

　　据日报载，天津城西有位姓蔡的妇女，怀孕九个多月时生病死了，停尸待殓。忽然，尸体侧身翻转，守灵的人赶紧告诉她的丈夫。丈夫给尸体松了衣带，随即一个婴儿从尸身里呱呱而生。再摸尸体，还是冰冷的，不可能再活过来了。文字作者说"此事真是闻所未闻"。

39. 午集《僧道打架》（张志瀛绘）

　　天津有座海潮寺（原址在今河北区金家窑），方丈有军方和绅士支持。近日方丈云游回来，正想拜佛，却发现寺庙面目全非，已经改装成道观。方丈不服，与道士们争吵起来。道士舞剑示威，方丈也使出少林拳应战。他们的争斗惊动了附近居民，大家都怕出人命。一些知根知底的人认为本是道士无理，驱逐了道士，事情才得以平息。

僧道打架

津郡有海潮寺其方丈僧者曰肄箕籍紳士延之以为住持因山寺为绅士所新也近来该僧自邀游归责入门顶招庙貌全非诘之蜍由盖老子已占如来之香火僧杜道二不服舌战不已道奔项拄之纽僧六飞少林之拳惊动里人攒出人命有知其根柢者言不直本在黄冠也相与逐道而事乃寝云

志瀛

40. 午集《忠良有后（一）》（吴友如绘）

　　黄桂圃是浙江会稽人，道光末年为湖北武昌府同知。咸丰二年，太平军攻陷了该城，将他与小妾及两个儿子一起押上船。黄桂圃乘看押不备，投水自尽。船到南京，其十一岁的长子启勋被同乡偷偷救出，逃到苏州，被黄桂圃的弟弟金溪收养。黄桂圃的小妾及幼子被关押了很久才获释。

忠良有後

黄桂圃培榮浙之會稽人
道光末官湖北武昌府同知咸豐三年
粤寇至鄂城

41. 午集《忠良有后（二）》（吴友如绘）

　　黄桂圃的小妾流落乡间，靠缝缝补补谋生。由于穷困，她不得不把孩子送给了邻村一个妇人。临别时，她将孩子的乳名"天赐"偷偷地刺在其左肩上。清军收复南京后，已经长大了的长子启勋找到母亲，接回家。光绪四年，启勋不幸淹死。在天津做官的黄桂圃的弟弟金溪，哀痛黄桂圃绝了后代。后来从哥哥的小妾那里得知"天赐"之事，便设法找到了孩子。验看孩子的左肩，所刺之字依稀可见。孩子回到了母亲身边。

陷桂園衣冠坐堂皇置賦
求其死賊縶之
并其一妾二子挾以入舟
桂園謂閽自
沈於江妾與子皆至金
陵長子啟熙
特耳十一歲鄉八篇員
以出逃至蘇
州桂園有弟金餘刺史
霍次於蘇因
振育之其妻為賊幽於女
居鄉閹以繾綣自給幼子
尚孩援力不
能養有鄰村婦乞為子
天賜者兒乳名也及官
不得已許之
密以鐵剌天賜二字於左
軍收後金陵
肩泣而昇之
天賜後吳至金嬡訪其
啟熟吳金嬡
世得之遂以
運之役湘死
後也其妾因
歸光緒四年啟熟預海
言天賜乃致書江寧
天津金餘痁
蔣疆莊太守
中解僮之譚其世子居至蘇
物色之譚桂園之輿
其后肩則天子二畫尚
後兒兄驗之
存賜分貝房
黄氏子也
赤本浪減乃謂村婦曰此
判歸黄氏桂園為
圉捐軀因
宜有後而其妾之智節
則亦足多
矢此事社筏而方伯為之
言之筏舫
又言啟熟之溺也失其屍
求之觀曰
不得筏舫之弟筏珊太
蘇海運津屆總耕命以
審時葛江
紙作靈位
備書官職姓名置木盒
中旁設美

金桂

42. 午集《忠良有后（三）》（吴友如绘）

再说黄桂圃的长子启勋，虽然淹死了，但却找不到他的尸体。江苏海运津局总办命人在一个木盆里设置一个纸做的灵位，上面写着启勋的姓名和官职，灵位前面放上羹饭和箸具，然后把木盆置于天津闸口（在城东南，用以引海河水入城）附近的水里，任其漂流，再派人驾小船尾随。开始木盆逆流向北，等小船跟上来后，才顺流下行，漂了大约二里，到了宝林庵（在城东南海河闸口）前，忽然自行靠岸。人们看到死尸浮出水面，人的面目虽已难辨，但身上的衣服还能认出。于是将其捞起厚葬，并请求朝廷给予黄家抚恤。

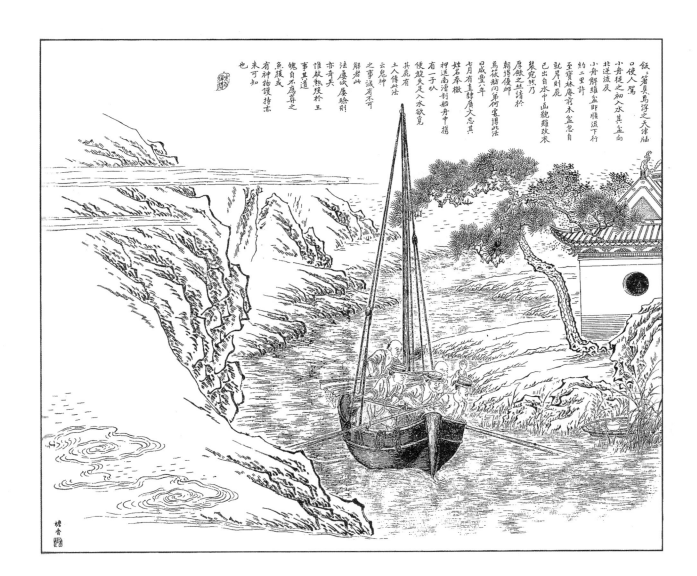

飯筺具焉浮之天津脯
口使人駕小舟徒之和入水其盂向
北逆流及小舟解維盂即順流下行
約二里許至寶林庵前木盂急自
就岸則尼已出自本中迈貌雖改本
裝免然乃厚飲之丝請於
朝搢便郇焉筷船問弟何奪得此法
旦咸豐六年七月有直肆廣忘其
姓名奉檄押送南潯剃船舟中揚
有一于头便旋失足入水欲覓
其尸有土人傅此法
云忠神之事誠有不可
解者此法屡試驗別
亦奇夫惟欲熟陵於王
事其道魄自不應葬之
魚腹或有神物護持亦
未可知也

43. 未集《演放气球》（金桂绘）

　　气球发明于西方，中国人很难见到。（1887年）八月，天津武备学堂（在今河东区海河边）制成气球，随即举行试放仪式。气球下挂着篮筐，可以载人。演放时，各路官兵都来观看。丁禹廷（汝昌）军门、刘子芗镇军等一些重要将领相继亲自随球升空，距离地面数十丈，高升远眺，然后随鸣号落下，过一把上天瘾。

参见分析5《演放气球与天津武备学堂》

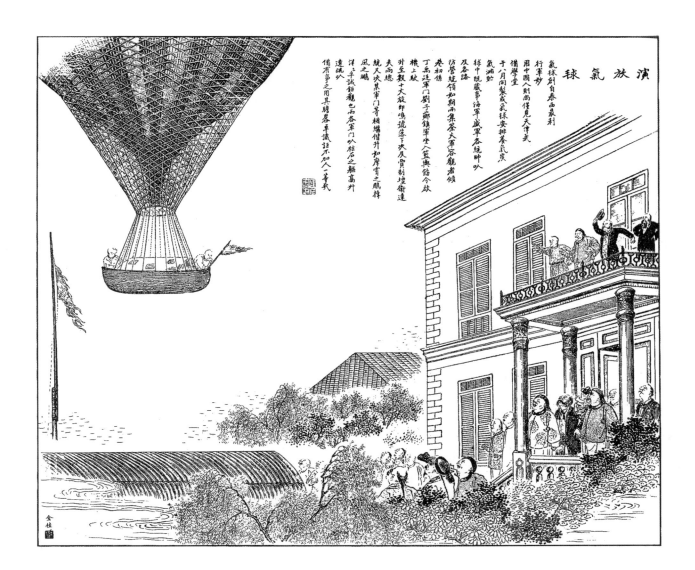

演放氣球

氣球創自泰西最利
行軍妙用中國人則尚僅見天津武
備學堂于十八月間製成氣球安排養氣炭
氣涵貯拜中晚藏事海軍威軍各統帥以
及各路防營統領如期而集茶式軍容觀者領
卷初傳丁禹廷軍門劉子頤鎮軍入籃與筋今欣
升至製十大放即鳴號落下次及買刻壇衛達
夫兩總統人次果軍門等相繼僧升如厚宵之颿將
風之鵬洋上平誠钜觀色而各軍門以桂石之舶高升
遠統吩備有事之用其膽略車識詎不加人一等式

金桂

44. 未集《海滨一叟》（张志瀛绘）

　　天津大沽已故孝廉郑步蟾家藏有御袍、御扇，每年六月六日（津俗六月六晾晒书画等物，以免虫蛀）都要恭恭敬敬地把这些袍、扇拿出来晾一下，然后用黄缎包裹，妥善收藏。有人曾见过御袍，系用宝蓝色贡缎制成，上面绣有团龙等图案。御扇的情况则不了解。相传郑氏七世祖梦琳曾是海滨渔夫，康熙二十二年，皇帝巡阅大沽海口，郑梦琳被选为御舟水手，因护驾有功，得到御书"海滨一叟"匾额和一件御袍、一把御扇。郑梦琳叩谢天恩，领回家中，将这些御物作为传家宝，让子子孙孙珍藏下去。那块匾额悬挂在家庙里，由于年代久远，现在已经找不到了，只有御袍和御扇还珍藏着。

　　参见分析 11《收藏家"龙袍郑"》

海濱一叟
天津大沽地方已故孝廉
鄭步瀛家藏有　御袍
御扇每年六月六日恭晾
一次晾畢用黃緞包裹敬謹收
藏有人曾見之其袍係寶藍
色貢緞裝棉袖織團龍領織
長龍前後兩旁計開四氣扇
則不得而知相傳鄭氏之七世
祖名夢琳者初爲海濱漁戶
康熙二十二年　仁廟
幸大沽　巡閱海口夢琳充
御舟水手以護
駕有功　敕賜
御袍一襲旋復　御書
海濱一叟匾額並　賜
御扇一柄夢琳叩謝
天恩畢祇領而歸什襲珍藏子子孫
孫世守勿替其匾額懸之家廟至今
年代久遠已歸何無有之鄉所存者袍
扇耳是誠榮陽之佚事也緬想遺
風令人景仰不置
張志瀛

45. 未集《寻春无赖》(符节绘)

天津侯家后以烟花柳巷而闻名。一天,妓院里来了几个少年,群妓以为财神到了,就一拥而上,争相献媚。某甲是色中饿鬼,馋涎欲滴,看上一个妓女,拉住不放,这个妓女不答应他,大家也一起嘲笑他。某甲恼羞成怒,大声咆哮,挥拳将厅内家具摆设乱砸一气,还用碎瓷片划破自己的头,霎时鲜血淋漓。龟奴见势不妙,忙鞠躬赔礼,让妓女好言相劝,陪他过夜。事情才算平息。

参见分析 15《天津的"混混儿"》、22《侯家后的妓院》

尋春無賴

天津侯家後素稱酒地花瀬數
有某勾闌
雛鬟數輩傳粉塗朱一笑嫣
然羲今游
心醉一日有三河少年裙屐
聯翩同至
彼宴群妓爭出迎進以為錢神
下降必能
滾纏纏頭玉軟香溫綿綿請
致有某甲
者色中餓鬼饞涎欲滴見一
妓而悅之
假欲楚襄王妖妓床許泉
妓相与湖
謔剌不休甲老羞成怒大肆
咆哮舉其
老拳將室中什物搶毀一空復取碎梳劃
破好頭顱
雲時鮮血淋漓欲為大吉恐鄉龜
奴見勢不
佳勒貽請罪無令其妓軟語溫存
許以春風
一度同進者亦再三勸解事遂寢息按
梨園中演
彩樓配一齣有小丑云云為了下頭難了
上頭今觀
其甲者誠可謂為了下頭壞了上頭
矢名之八
無賴誰曰不宜呵

46. 未集《置身无地》（金蟾香绘）

　　天津人周某死后，家里无钱入殓，周妻只好向族人求助。但族人没有伸手援助的。周妻悲愤之下，让家里的鸡犬披麻戴孝，牵到族人门前，大声说："我们虽然族大支多，但现在遇事都缩头缩尾，坐视不管。我只能借畜生的光了。"想以此使族人感到耻辱。文字作者对"世风日薄"提出了批评。

置身无地

古之人有遇朋友之丧
眈眈相赠者
偿其无两昧也至
于谊开一本
有无相通死亡相
油固居世风不
容详自世风日
薄叙睨
里川骨肉之
亲规闾
泰越呼可呢已
津人闾具檀
呸黄术雨不利于时
顷年块坤道
疾不起贫无以瞻妻
氏肉夫族中吉
将拊肖无胄朝者氏忍极回家
蕃排背雪友族人门前大呼曰吾固
族大支多省今
诣曳尾蛄头空亲不顾不谓不籍光于异颣
店憷情聊朕
于衷芜悔孱族人也後不知如何了结说者
谓其族人固
有取偷之道然民以禽兽此之独不思自居
何善耶

47. 申集《卵生异相》（金蟾香绘）

　　天津西门外某甲家里养了很多鸡，颇得闻鸡起舞之乐。其中一只母鸡，经常生下双卵，某甲非常喜欢。一次，这只母鸡又下了两个蛋，为朱红色。打开一看，一个里面是无脚的蛇，另一个里面是有翅的虎。虽然它们活不长，但仍令人感到恐怖。一时围观的人很多，没有不咋舌称奇的。文字作者说："假令张华复生，吾知《博物志》中又添一段佳话矣。"

48. 申集《妖僧败露》（张志瀛绘）

　　天津附近的任庄有一个年轻的尼姑，据说能看香头，为人祛灾治病。她见人不敢仰视，一副羞涩可怜的模样。很多无知妇女将她奉若神明。这个尼姑来去无常，半年来没有人怀疑她。近日被人看破，原来尼姑是男人所扮。他不敢仰视，是因为脖子下有喉结。淫秃知道事已败露，半夜想爬墙头逃走，正好被赶来围捕他的乡民抓住，扭送公堂。文字作者说："想父母斯民者自当尽法痛惩，而世俗妇女惑于看香头者亦可以憬然而悟矣。"

妖僧败露

昔有妖人系胖弟子二七八场捺连作来发为女子秋假托平医污入阁童其後一一伏法见於说部不谓證诸近事竟有如出一辙者天津附近之任庄近方有年少尼僧相传能看看頭為人禳灾癫疾见人不敢仰视盖澀可讲无知婦女牽若神明認為乾阿妈拜作佛弟子指不胜屈此尼急来慕去踪跡廓常知是半年絕無疑之者近日被人窺破知其從不卯頭者積之結躍盜非雄而實實護項下雄也相与圆而捕之诗方夜半该混尠而送諸墊堂民者自当盡法痛懲而立俗想父毋斯達飒而送墊堂乡民所捨浅翰坦欲遑為溷冕知事者亦可以惵然而悟矣婦女威於看看頭

49. 申集《扫尽烦恼》（张志瀛绘）

　　山东人某甲在天津挑担卖女红所用之物，锱铢必较，人们讥笑他"一毛不拔"。一天，他来到僧王祠（即僧格林沁祠，在西门外西关街，同治年间建，原为三官庙）后，一个姓崔的妇女偷了点儿针线，他就怒发冲冠，揪住她的头发数落她的罪过。这个妇女的嫂子素有"金毛狮子"之称，听到小姑与人争吵，就出来助阵，不仅将某甲臭骂一顿，而且揪住某甲的辫子，几乎把他的头发拔得露出了头顶。某甲怒不可遏，发誓不会善罢甘休。文字作者批评一毛不拔的某甲："何视一发如千钧之重也？"

50. 申集《异端宜禁》(符艮心绘)

天津有"十祖会"的风俗，大多为巫术，用来骗人。每年都在元宵节举办一次。今年元宵节风和日暖，会里的人更觉得兴高采烈。他们先是在殿前的炉子里烧炭，再把铁链烧得通红，将铁板架在柴火上。会里的十四个人赤脚上台，用红布缠着额，下身系着红色犊鼻裤，先后登场。其中一个人拿着剑站在场前，其余的人从炉子里捞出铁链，盘旋飞舞，火星迸射，又在铁板上蹦来跳去。还点燃花筒烧自己的肢体，并且团团围住拿剑的人。火虽然烧在身上，但胡须和头发却丝毫没有受到伤害。观看的人都啧啧称奇。文字作者认为这些人的表演"炫异矜奇，惊世骇俗，殊涉异端"，希望"良有司亟为禁革也"。

異端宜禁

津俗有所謂十祖會者大抵
皆亞現之流藉以誅人年
目年例於元宵節舉行一次今歲
風和日暖會中人光覽興
高采烈先是殷前識於壇中盤
鐵鏈數珠通紅下橫鐵板
架以柴薪火光熊熊不可觸連時君
舉十四八露體赤足立以
紅布抹額下繫紅褲其輝光後登
場其一伏劍植立場前餘
各徒手於洪壚中撈取鐵鏈盤旋
舞火光進射徑向鐵板上
燃之走環繞伏劍者如衆射之火雞
着體而鎮髮無傷另者
皆嗤嗤稱詫是誰取火對銀光含星福
鐵鎖閩遵意而其妊异
衿奇驚立趡俗珠涉身端所望良
有司亞為禁草革也

51. 酉集《郊原幻景》(吴友如绘)

　　天津西乡有个老农,年逾古稀但是精神矍铄,还亲自耕作农田。一天,他披星戴月地正在田里干活,忽然看见郊外有个人手持红灯走过来,带着他走进一座大房子里。主人十分殷勤地招待他,给了他很多钱。他如游梦境一般。天一亮,人和房子就都消失了,只有钱还在怀中,老农不觉狂喜。不知这是老农胡编乱造的,还是真有鬼狐戏弄他。文字作者因此认为世事变化无常,有沧桑之感。

郊原幻景

天津西鄉有老農某甲年逾古
稀精神雙鑠
眼四力榛苗觀操作之勞一日甲
姜起披星戴
月方將從事於兩時忽見郊外
一人手持虹燈
前來引導甲隨之至一甲第堂
宇魏裝甚戰
主人鸾家人意恩欵洽事以隹提
四場而後遺去
甲下拜盤受如諸夢境初不問其
姓氏迤難人郷
且晨光熹微囘顧
人物竟巷然
中不覺杠
喜是某某欵縈
其生花之
告欷卿為見孤
阿玩弄無辭予
境也人生一幻
幻夢色忠事一幻影
也枕夫高堂
華屋綺人而為雙
豪宗思降而為庶人
阜肆升沈榮
瘁雙化無常百年
如瞬息耳陵
俗澆桑之感皆可他
如昰觀此其
頣烏者也

52. 酉集《奉祀述奇》（金桂绘）

　　各行各业的人都喜欢找一位古代名人做祖师，如木匠拜鲁班为祖师，乐师拜师旷为祖师，屠户拜樊哙为祖师。这些做法虽然不无附会，但是多少有所依据。谁知如今出奇的事越来越多。天津河东有座祖师庙，不知所祀何神。左边三间精舍塑有朱熹像，但奉祀的人却说他是乡里装池家（从事书画装裱的人）的祖师。每到上巳，人们一起敬祀，还引用《大学》里"表里精粗无不到"一语作为依据。听说此事的人为之绝倒。文字作者认为这是这些人对理学大儒朱子的大不敬。

奉祀迁

奇

聖廟何物乃手民之叛泯為供奉即是弄己

祀

法則取大學中表裏精

粗無不到一語

闻者為之絕倒夫夫子

為理学名儒入

池家祖師正画上已层祀心之

祀间其傳心之

稷神焉其心中永

說芽然詞其奉祀之由別

像衣冠古塞道

三權中塑新安来扁卷夫子

神殿左有精仓

六神五音之言即屠户

赤可本復漢書樂

就意無理取間

繪為屠法一語以相解說

之事有會出愈奇者天

津河東地方有

祖師廟焉其中不知所祀何

猶得捩規矩方員之

說樂工之可引

相推戴照木工

樂繪頡以附會而

師騙唐户之祀

输于秦樂之工祀公

如效木之工祀公

聲奇搆祀侮梅尊崇

入以為之師徒々

百工雜技之流均好引古

53. 酉集《丐头出殡》（金桂绘）

丐头不过是乞丐中出人头地的人，如今也仿效奢侈。天津有一个丐头，平时游手好闲，但能雄霸一方。他病死后，群丐为他大办丧事，聚资请来僧道仪仗，后面丐子丐孙麻衣如雪，执绋步行，多达百余人。沿街还设有路祭，其排场比得上达官贵人。只是这些乞丐的衣服还是那么蓝缕龌龊，脸色还是那么黝黑。观看出殡的人很多，无不嗤之以鼻。

参见分析 18《活人出殡》

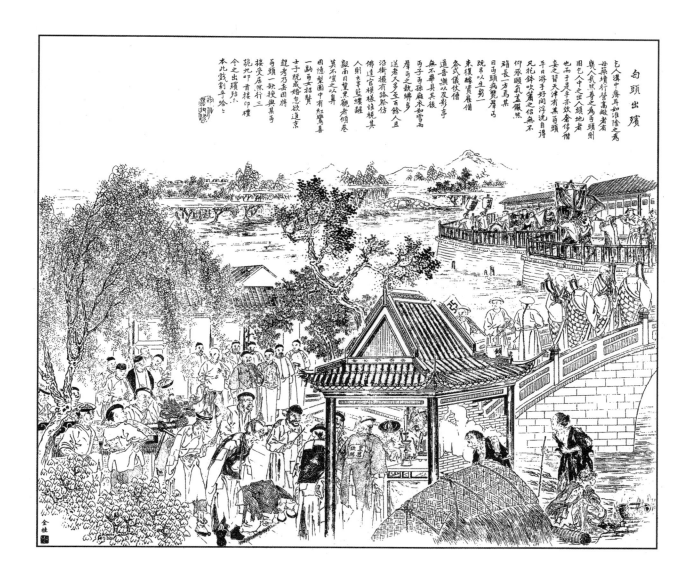

54. 酉集《祸因恶积》（吴嘉猷绘）

　　天津某甲本是一个无赖，在衙门里当差。由于他工心计，善逢迎，遂被提拔为头役。他多次参与大案的处理，受贿不少，于是盖楼房，置田产，成为富翁。到了中年，他忽然患了癫痫症，整天胡言乱语。官家见状，不再任用他。他大声喊冤，肆意骚扰。官家大怒，就把他当作疯子关押在木笼里。一天，某甲忽然将自己曾经做过的坏事一件一件地说出来，如何贪赃，如何枉法，不遗巨细，如数家珍。役卒见他形神委顿，立刻报官，还没等放出来他就死了。死时身体暴缩，手脚像小孩的一样。这是前年的事。今年夏天，他的妻子也死了，田园易主，钱财散尽。文字作者感叹道："若此彼狐假虎威、上下其手者，可不戒哉？！"

禍因惡積

55. 酉集《嗔莺叱燕》(符艮心绘)

　　天津紫竹林一带为莺莺燕燕藏娇之所、公子王孙寻欢之处。驻扎该处的各国领事厌恶妓女冶容诲淫,最近致函津海关道,请求予以驱逐。刘观察饬令严办,当时就拿获妓女多名,将她们的房屋一律封存。从此,这里笙歌艳曲、倚门卖笑的现象有所收敛。

参见分析 23《紫竹林"禁妓"》

56. 酉集《八月过年》（张志瀛绘）

近来疫病流行，一旦传染上朝发夕死，名医也束手无策。天津传染上病的人很多，每天死人。有人说过了元旦便可高枕无忧，愚民们信以为真，越传越凶，举国若狂，于是将八月一日改为元旦（大年初一），家家喝酒、贴桃符、燃放爆竹，人们都穿上新衣服，见面互相拜年，真像过年一样。

参见分析 17《灾害和疫病》

57. 亥集《火车被毁》（符艮心绘）

近年轮船屡屡失火，人们视为畏途，但乘火车的人还是很多。二月十六日，一列火车从天津塘沽发车不久，货车忽然起火。经过调查得知，由于烟筒迸出的火星落在车上装载的棉花包内，才酿成此祸。那天风力又大，大火轰轰烈烈，焰烛重霄，水龙无处取水，导致车辆被毁，人员也有损伤。文字作者说"此为火车开行以来仅见之事也"。

参见分析 7《火车开通事故多》

火車被燬

水行有火輪舟陸行有
火輪車皆電疾風馳瞬
息十里其利便可謂善矣
自近年輪船屢失火人
皆視為畏途所恃似人
者尤眾乃二月十六日
天津香一火車自塘
沽閘行展稿木久貨車
工息垒大起査知起火之
由係因煙筒迸出火星落
上車上所載之棉花包內
故有此禍而是日風刀又
大遽然發耕甚且缺墙
車軍皆陵有水龍無遘
叔水一住回祿君東真
而未盡焉而逃車輛均
被燒燬人物品五有損
傷非為火車闖行来
傑見之幸也故誌之

良心

58. 金集《火龙叠见》（符节绘）

　　有一个从天津来的客人说，五月二十二日，气温突然升高，风雷随之而来，居民挥汗如雨。这时人们看到两条火龙在天空中上下翻腾。两天后的清晨，一股硫黄味自天而降，原来又是一条火龙在天上飞舞，见首不见尾。

火龍疊見

客有自津沽來者言五月二十二日平明時天氣聚熱風雷隨之居民揮汗如雨聲見穆清之表有龍飛騰空際礁〻火燄附之而行其光不堪逼視越兩日清晨更有琉璃氣自天而降時則火龍凌空夭矯由南而北轉瞬即見首不見尾一時見者習傳以為奇按龍之變化莫測世皆雜高水中神物論其為霖為雨則翻江倒海狹水雨行宜也今則易水雨為火堂其五行遮爐陰極陽生故易習坎雨為重離乎嘻異已

附图 1 《习坎重离》(见《吴友如画宝·山海志奇图》)

　　五月下旬的一个清晨,天津天气阴霾,雷声隐隐。继而热气蒸腾,人们就像在热锅里。天空上有熊熊火焰附在龙身上飞行。过了两天,津西一带更有硫黄气自天而降。文字作者认为,《十洲记》《洞冥记》都有火龙的说法,如今天津发生的事并不奇怪。

習坎重離

天津於五月下旬某日清晨時天氣陰靄晝晦聲隱隱俄而執氣蒸騰居人如游釜上按首洞天則見空際離之大漩附龍而行越兩日津西一帶更有硫磺氣自天而降視之則神靈者方天矯盤旋由南而北轉瞬即杳不知其所上按十洲記火林山有火獸似鼠毛長三寸是火中有獸也赤鳥流屋白雀集車則火中有禽也隨烟爐而上下沖烈陝北升天則人或不知有火且附人而行至於火中之龍如洞冥記東方朔游北極至於種火之山有青龍衛燭火以照山之四極天空有鵝街火於清漢之上鵝化成龍茲二說者姑即此龍之佐證歟則今世之見於天津龍者又何奇之足云

59. 金集《乔扮奸夫》（张志瀛绘）

　　天津人华某家里本是小康，属于缙绅，但生性轻薄，在外寻花问柳。妻子劝阻，但他不听。一天，他出门的时候，其妻派人跟踪他。发现他进了妓院后，其妻也装扮成男人，大摇大摆地进了妓院，准备棒打野鸳鸯。谁知这时差役奉太守禁娼的命令，来到妓院抓人，结果夫妇两人同时被抓去。后来华某花了很多钱行贿，才摆脱了窘境。

附图 2 《易服缉夫》（见《吴友如画宝 · 古今谈丛图》）

天津人华某，整天到青楼访艳，曲院寻花。其妻张氏常常阻止他，不让他越雷池一步。但华某因寂寞寡欢，仍然经常托故出门。一天，华某又对张氏编瞎话出门，张氏就暗暗地派人尾随其后，看见华某果然拐进一家妓院。跟踪的人回来告诉了张氏，张氏就换上男装跟着他来到那家妓院，妓院里的人不知道她是女扮男装，就引她进入房间，给她安排了妓女。正赶上差役奉太守禁娼的命令，来到妓院抓人，结果夫妇两人同时被抓去。华某见自己的妻子也被抓住，十分惊骇，花了很多钱行贿才被释放。张氏的弟弟出面调解，夫妇二人尚未言归于好。文字作者认为："若张氏者，可谓弄巧成拙者矣！"

60. 金集《诬良为盗》(何明甫绘)

　　近来天津连续发生盗案,捕快们装扮成过往商船上的商人,以此为诱饵缉捕盗贼。中秋之前,某大官派人往天津送礼,租用的船正是以前盗贼用过的船。捕快不知内情,指鹿为马,将大官的礼物作为赃物充公,因此闹出一场笑话,并且得罪了大官。

61. 石集《女巫惑世》（张志瀛绘）

　　天津东大沽后街有个女巫，装神弄鬼，祈祷事物似乎很灵验。受她迷惑的人很多，都把她视为活神仙。各处疫病大起，女巫就到处宣传："天要降瘟疫于东沽一带，只有我可以配平安药水治病，否则必死无疑。"人们不明真相，争着求她买药。一名军将也来祈祷求药，还出资修葺她的住所，以壮观瞻。

　　参见分析 17《灾害和疫病》

女巫惑世

津唐东大沽
後街有女巫
某氏稱神说鬼祈
祷颇靈惑之者華
國若狂摩以治神仙
本之遠国吾慶瘋癎
大作人有戒心讓女巫
道夫書特書编麾贴
拓云天時降瘟我东沽一
带怖户虑雨製平安藥水
可以治之不甚必死闭者忘察
事往来之协我羅軍门惑狆淫言
整肃衣冠躬往升祷束以薰水漕疾
且捐鶴俸為之修菁所居以旺觀瞻篇者狆是有
不足狆協戒夾惑方士神仙之说而三入海求長生药
古時英武之主狷或不免狆協戒又尤焉

62. 石集《相逢意外》（何明甫绘）

　　天津人郭某，家有老母及一妻一子。因生活困难，去伊犁谋生。伊犁远离天津一万三四千里，郭某刚去的时候还给家里写信，后来就音信全无，一晃就是十年。家境更加窘困，他的母亲以为儿子生还无望，就劝儿媳改嫁。儿媳不得已从之，但每念其夫，便放声大哭。今年春天，郭某恰好还乡，听到哭声，像是自己的妻子，上前一看，正是妻子。郭某携妻回家，偿还媒资，夫妻和好如初。

参见分析 13《杨柳青人"赶大营"》

相逢意外
津人郭某家有老母及一妻一子前年以生計維艱遠赴伊犁謀食伊犁距津有一萬三四千里之遥郭去後初時家書尚不至寄後忽音問歇絶蹤影杳然忽忽十載家境益窘其母以子既去還無望矣諷其婦使別抱琵琶俾稍得身價以免其填溝壑婦無奈當託媒氏說合將再醮於某姓行有日婦每念夫既死別姑與子又復生離不覺放聲痛哭詎郭竟如海外來鴻依然健在前之魚沉雁杳者以無便信遞耳今春忽束裝歸甫到津即襆被回鄉時已昏黃聞婦哭聲甚哀細聆所訴苦情酷似床頭人俄有男婦數人來勸婦以淚郭因上前視之人皆素未謀面者正疑訝間爲相識者所見曰子非郭某也耶何遽集於此婦聞言抬頭審視果不爽也遂一慟而絶逾時始甦郭因挈之歸闔家團聚喜極而悲咸抱頭大哭且言昔當從媒氏復爲夫婦如初
何明甫

附图 3 《月缺重圆》(见《吴友如画宝·古今谈丛图》)

　　天津杨柳青一带的人,往往走一万三四千里的路,到伊犁谋生,叫作"赶大营"。郭某离别老母妻子,随着人群去伊犁。刚去一两年的时候,他还给家里写信;辗转到南八营后,同乡寥落,因此他就十年没有给家里捎信。家境更加窘困,他的母亲以为儿子生还无望,就劝儿媳改嫁。儿媳不得已从之,换来彩礼钱数十串为婆婆和儿子做几件棉衣。还有一个月就到结婚的日子了,她自怨命苦,偷偷地到村头痛哭,声音凄惨。正好有一个人进村,听到她的哭声,停住脚步,上前一看,正是自己的妻子。原来,郭某在春天忽然想家,从春天走到夏天才回到家,恰巧遇上了妻子。

参见分析 13《杨柳青人"赶大营"》

月缺重圓

天津楊柳青一帶
八往上備遯化趁旱
洛越天山過紅潮歷
程途一萬三四千里至
伊犂謀生謂之趕大
營郭某者背高堂捐
妻子遠隊往游和去一
二年間時託郵筒傳竹
報嗣輾轉至南公替同鄉
寒落音問不通者十載
其母以為夭濱溝斃矣一
家數口衣食無資諷婦
他適婦以姑老子幼不忍分
離久之生計益促不得已勉
承姑旨許嫁某甲議淨財
禮錢數十串姑與子繼
之製婦衣數散約歷一月
之久卿居吉期婦自怨
艾命不猶潛向村前痛
哭其髮甚表怨有人橫
被入村間婦哭失聲並為
之駐聽之良確上前相認
曰子非我妻也耶婦凝
眸審視郭也一慟而絕
逾時始蘇蓋郭於春
間怨勳鄉思束裝就
道自春徂夏始抵
鄉湖相逢亦巧
吳設再還一
日則謂他人
婦廢水其
可收乎

63. 石集《剖腹明心》（张志瀛绘）

　　天津张某开着药铺，生意较好。后来他不务正业，积蓄渐空。他的妻子屡次劝他，他也不听。一次，在他又要花钱的时候，妻子多说了几句，他就大怒道："天下最毒妇人心，今天看到你我就更相信了。"他的妻子怨恨交集，于是取出锋利的剪刀剖腹，问丈夫："你看我的心是不是毒的？"话未说完，就倒地而死。文字作者认为这个妇女的做法很愚蠢。

刮腹明心

津沽有张某者向润粟局生意颇盛嗣以不务正业渐形支绌姜某氏愿劝之中解从也某日又收赏中遗物付诸长生库妻以杼柚其空不免弓脱辐张大怒曰世言妻妻妇人心我今观汝此益信矣闻之怒恨交集遂取折州状梦自割其腹吟其夫曰汝视吾心果毒否也一言未了人即倒地而觉昔此千被剁割腹以观其心千古稍为忠臣今妇以反目之故乃遽步其後尘以明其愚真不可及也

64. 石集《邑尊讯鬼》(何明甫绘)

　　天津杨柳青张茂四家的童养媳素不贞洁,圆房才七个月就腹大如匏。婆婆责问她,她却诬陷公公"扒灰"。公公张茂四无法自明,就寻了短见。婆婆也服毒身亡。官方检验时,误以为夫妇反目所致,就让张茂四的儿子具结完案。谁料事隔一个月,一天晚上,王棣山大令正在县署里问案,张茂四的儿子忽然奔到大堂,声称张茂四冤枉。其实是张茂四的魂附在儿子的身体上喊冤。王棣山传他问话,他说出被诬陷而觅死的事情。问他的魂在哪里,他说在城隍庙里。第二天晚上,王棣山会同邑尊升堂审讯,张茂四的魂又附在儿子的身体上而来,诉说了童养媳等人诬陷他的情况,要求惩办相关的人,并说自己的身体被压着,请求开释。官方答应为他昭雪,并派人打开他的棺材,一看,张茂四妻子的尸体果然压着张茂四的尸体。原因是他的傻儿子没有把丧事办好。

　　邑尊,即县令。

邑尊讯鬼

天津杨柳青张茂四家有蓄养媳未成见陈园房之月顾大成指请责之媳竟折斋证名翁张不能自明适寻趁见其媒张宋氏催蜃同服红鞶充后览令当时佐官检验诀信地方一面之词谓由夫媒反其所殴乞翁其子具证完妻吴康玉珠山大令问张茂四宛讦官问之铺停追说茂时其翁晋恩与玉大夔捂县旨康王珠山大令问讯问铺供被诬说讦由究其媳滞何方指与城隍庙内会同手捂讦宛祖至前研讯阅陈不散追真讦情张己多破坏及孚俫由陈汯魂茂四宛祖官问次晓集讯问其能投票者日年侍所到雅访打衔晋後门出入官淮之呈日铺侍地方问陈二人盤访择言宛零令笑署告送之俫人政视其馆裑帛迭宛祖上二而张证措之词则由中年宛氏恨使请一得究怨孟福健祖荐蜃求高阅择官先为贴零令笑果体咨鲁桿上二而张铺手打旭乜故地及捷银瓣亭当不定时宝壳尊审问一鞘而脈李承亭兵武

附图 4 《鬼告状》（见《吴友如画宝 · 古今谈丛图》）

　　天津杨柳青张茂四，妻宋氏，子练，又名傻子张。张家为儿子娶了个童养媳，去年圆房，才七个月就腹大如匏。宋氏责问她，她却诬陷公公"扒灰"。公公张茂四无法自明，就寻了短见。婆婆也跟着自杀。官方检验时，误以为夫妇反目所致，就让张茂四的儿子具结完案。张家童养媳被人引诱逃到天津。张茂四的弟弟到县衙告状，正讯问间，张茂四的儿子忽然声称张茂四冤枉。第二天晚上，张茂四的魂又附在儿子的身体上来到县衙，诉说了童养媳等人诬陷他的情况。官方将犯罪嫌疑人一一拘捕，准备为张茂四昭雪。这是去年十一月份的事，《申报》有报道。

鬼告狀

張茂四天津楊柳青人妻宋氏于練又名俊于張為之納妾養媳去年園房閣七月腹大如飽宋嚴詰之媳以新臺看洪對宋遠奧張勃詰張百般具解卯紅螫宄之初結也張媳子拘提犯案正訊問張子愍口呼弟乃赴縣控告只知有異瀕以明晚張茂四冤杜聲口不期優子官知死期張魂復附於子供出隱破夫婦反集訊至期張魂復附於子供由李高氏歧仲丹一姑係孫洛誣指之詞傳由李高氏歧仲丹一姑至案下一鞠而服於身渝張靜俠几典以傳臨雪峰上年十一月閱市也市見中報倜倜

65. 石集《生前出殡》（符艮心绘）

　　天津河东蓝氏为武科世家，老妇人早年丧夫，膝下只有一个养子，素行无赖，让养母不高兴。如今老妇人年逾七旬，棺椁衣衾都已准备好，就怕死后养子将她草草下葬，会被亲戚朋友看不起，于是自择吉日，在十一月初五这一天提前出殡，伞扇旗锣齐备，她乘着八抬绿呢大轿招摇过市，游遍河东街一带，数十位亲朋为之"送葬"。见到的人无不称奇。

参见分析 18《活人出殡》

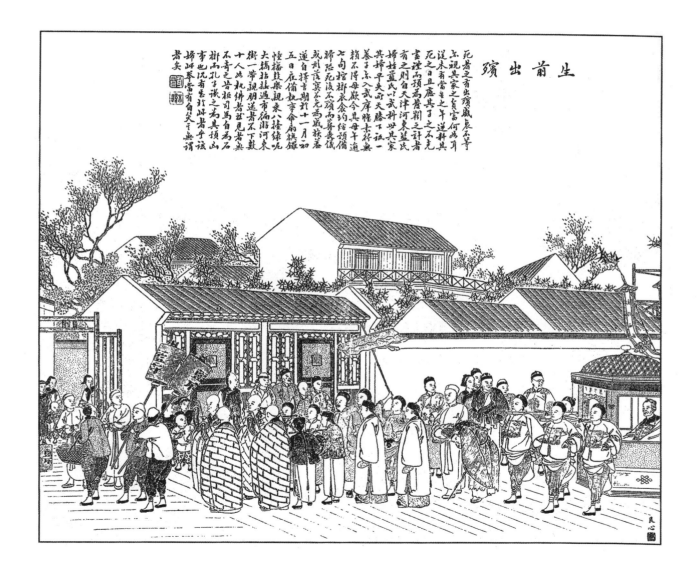

附图 5 《生前出殡》（见《吴友如画宝·古今谈丛图》）

　　天津某妇人早年丧夫，膝下只有一个养子，辛勤教养。谁知养子长大后又嫖又赌，让养母很不高兴。她怕死后养子将她草草下葬，就准备好棺椁衣衾，卜得坟地，乘着八抬绿呢大轿亲临坟地。一路上旗幡拥后，鼓乐导前，请来亲戚为她执绋。听说这个妇人有五十岁左右。

　　参见分析 18《活人出殡》

生前出殯

魯隱公元年秋七月天王來歸
惠公仲子之賵左氏議之曰預凶
事非禮也蓋凶事是時公雖先
仲子猶生不應將吊禮一齋送
來故雖出自天子史氏雖存曲
筆乃觀於天津其氏歸一事則史
有異馬者某氏婦人悲憂鵠未
卜夢熊因獨一蛇蝴子以延俗續教
海式設倍極動勞詛知蟫曲之木
雞薑兵而弔氏滋蠹之草實看
登枋場園子年漸長賭吃着
無一字不犯婦以年生瘋養得
此下場捐飲恨名酸彌增於邑又
思設一旦化則身後之事將有
不壤設想者將衣衾棺椁逐事
安排并卜浮牛眠地為宅
穿之所宾枱十月和向乘
緣光八轄親臨其次殯礋
擁儀鼓樂導韻加出殯者
然偏招觀事為軌
佛親串見其戲鬥
若狂而其情可憫也
六间有乱者潤歸年
約五十左右云

66.石集《祀灶采风》（金蟾香绘）

　　天津祭祀灶神之风颇可笑。今年腊月二十三日，人们认为东厨司命尊神当在这天上九霄奏报人间善恶，于是焚香膜拜以送神，在院里口中喃喃念诵"上天言好事，回宫送吉祥"，求神呵护，并且供奉饴糖等食品，使其不能开口说恶话。文字作者认为这种做法"已大失古人祀灶之遗意"，"愚而可笑，莫甚于此"。

　　参见分析 19《天津人祭灶》

祀竈採風

黄羊祀竈及醉司命名
典歷見紀載之中捣沌
門祀竈則風氣首可晒
昔年年臘月二十三日
彼郡人士叶東尉司令奏
神當祀夫曰上詣九霄奏
浦人閭善惡行是備香
根人揚帛祭者頃禮送
神馬邪中庭口中响
誦上天言好事回宮
降吉祥二語求神
呵道乙大夫古人祀竈
之遺意其所供各物猪
有關郭太戟顋宁之矩
非祀耶萬殊作降香
群作不善降殊之説
而顧惑上下天煞神
能默喃喃息耶娟
竈之情共其王祿實
大周小昊恩雨可矢
莫甚抖斜錄之叫告
採風閭俗者

67. 石集《跃鲤呈祥》（符节绘）

　　自来慧业文人，其将高掇巍科，必先有嘉祥之兆。天津府学有泮池，芹藻生香，清流可爱。相传丁未春池中有跃鲤之瑞。这一年南皮张相国果大魁天下。从那时至今已经几十年了。本年有邑绅黄君重修两学泮池，忽见有金鱼数尾，以泳以游，大几盈尺，天机洋溢，文采斐然，颇有濠濮观鱼之概。黄君以前事证之，私心窃喜，以为明年金殿唱胪时多士跻跄，当必有大手笔。

参见分析 10《泮池跃鲤与"南皮二张"》

附图 6 《泮池跃鲤》（见《吴友如画宝·古今谈丛图》）

天津府学泮池相传于丁未春有跃鲤之瑞。这一年，南皮张相国以第一人及第，果应其瑞。去年，邑绅黄君重修两学泮池，见有金鱼数尾游泳水面，大几盈尺，天机活泼，文采焕然。以前事证之，今年金殿传胪时当必有冠冕群英者。英雄之入彀者，谓之鲤鱼登龙门。

参见分析 10《泮池跃鲤与"南皮二张"》

68. 丝集《余桃泼醋》(张志瀛绘)

　　天津法租界第一茶楼有所谓"男落子",男扮女装,登台演唱。这样的"男落子"共有六七人,其中最老的年已五旬,仍然熏香敷粉,让人分不清男女。有个叫洛的人与陈四是同性恋,哪知张裕对洛也动了心,但洛不肯。张大怒,不让洛登台,经人劝说后洛才献技。一天,陈在座的时候,张贸然赶来,见陈与洛频送秋波,不禁醋意大发,与其动起武来。

　　参见分析 16《协盛及天津的茶园》、24《落子馆与男落子》

69. 丝集《河清献瑞》（符艮心绘）

　　冬季的一天，天津河中冰冻忽然裂开，河水晶莹澄澈，游鱼可数。人们认为是奇观，有的还用河水洗眼，想治眼病。文字作者认为"黄河千年一清，有圣人出，方有斯瑞"，而"乡人不知福瑞，诚可笑也"。

　　文中提到的河又像是黄河，待考。

70. 丝集《游街新样》（何明甫绘）

　　二月初八，天津有两名娼妓和三名忘八、义杆，带着铁索，被官差押着游街示众。看见的人说，两名娼妓二十多岁，钗荆裙布，像是初堕风尘。义杆头粘绿纸条。忘八则以绿纸为帽，其样式像明朝的秀巾；背上贴着画的乌龟；眼圈用碧色画成圆形，双瞳细小，意味着见钱眼开。文字作者解释："忘八者，开娼之龟子也；义杆者，庇娼之龟党也。津俗呼之如此，不知何所取义。"文字作者认为："经此惩创，是亦足以大快人心矣！"

参见分析 15《天津的"混混儿"》

71. 竹集《倔强性成》(张志瀛绘)

　　天津人李三,在县署前与混混打架,身受棒伤,腿骨折断,于是告到衙门。李三愤怒之下,又用刀自伤两处,让人用大笸箩抬着上堂验伤。看见的人都觉得惨不忍睹。验毕回家养伤,抬他的人为走近路,想从县署后门出去,再出北城门送他回家。刚走到马号,李三惊醒过来,问:"为什么不从前门出去,经过县阁,那显得我多么地堂堂正正? 从旁门偷着出去算个什么? 我与县阁外混混打架,倘若从别的路走了,人们会说我胆小,即使决西江之水也不足以雪此耻!"抬他的人假装没听见他的话,李三就从笸箩里滚出来,不顾伤口巨痛,在地上往前爬,一定要从前门出去。抬他的人不得已,只好听他的话走前门。刚出衙门口,李三便破口大骂起来,一直骂到县阁。那里的混混听了噤若寒蝉。于是当地的轻薄少年都认为李三是铮铮铁汉。

　　参见分析 15《天津的"混混儿"》

倔强惨成

72. 匏集《梦呓可笑》（符艮心绘）

　　天津人李某好读《三国演义》，日夜孜孜，手不释卷。一天夜里，他与妻子同睡，忽发梦呓，嘴里喃喃不绝，既而大声喊道："不意太师做此禽兽之事！"一伸脚，把妻子踢到床下。妻子问他："你这是干什么？"李某答道："闻王司徒有七宝刀一口，愿赐于操，入相府，杀董卓，虽死无恨！"妻子说："你差点儿把人踢死，还说什么卓，什么操？"李某答道："卓今颇信操，操因得近卓。"妻子知道他是痴迷上了《三国演义》，叹了口气，只好另外用椅子搭了张床，独自睡下。没过一会儿，李某又喊道："有吾儿奉先，可高枕无忧！"接着又高声大叫："好尔三姓家奴，哪厢逃走？！"只听咣当一声，他自己也从床上摔了下来。过了一会儿，李某才醒过来。妻子笑着问他："《三国》说完了吗？"李某已记不得刚才发生了什么。

夢囈可笑

天津人李某生平好閱三國演義日夜孜孜手不釋卷一夕與妻共寢忽發夢囈口中喃喃不絕既而大聲曰不意太師作此貪歌之事一仲足閃乙將妻踢翻下牀妻曰此是何為李聞曰閻王司徒有飛報刀一口顧賜我將採入相府殺董卓雖兄妹曰妻又揉採～相會卓驚報卓令卓今什麼操手復應曰卓將人踢殺說什麼操～固河近卓妻如其心迷拈於三國志也付之一歎易自連持作楢而臥須臾李復曰有吾兄奉先可高枕無憂矣談又高聲大叫曰好尔三姓家奴那廂逃走口間妻秋一驊已自隆北抹下有頃始醒妻笑問曰三國說完木手乙泄然不復記憶矣

附图 7 《三国演义》（见《吴友如画宝 · 古今谈丛图》）

　　天津人李某好读《三国演义》，手不释卷。一天夜里，他与妻子同睡，伸着脚大声喊道："不意太师做此禽兽之事！"把妻子踢到床下。妻子问他："你这是干什么？"李某答道："闻王司徒有七宝刀一口，愿赐于操，入相府，杀董卓，虽死无恨！"妻子说："你差点儿把人踢死，还说什么卓，什么操？"李某答道："卓今颇信操，操因得近卓。"妻子知道他是说梦话，只好另外用椅子搭了张床，独自睡下。李某又喊道："有吾儿奉先，可高枕无忧！"说完，酣睡起来。妻子嗤之以鼻。过了一会儿，李某又高声大叫："好尔三姓家奴，哪厢逃走？！"只听扑通一声，他自己也从床上摔了下来。过了一会儿，李某才醒过来。妻子笑着问他："《三国》说完了吗？我差点儿被你一脚踢死。"李某已记不得刚才发生了什么。他的邻居张生十分详细地讲出他的故事，人们听了无不捧腹大笑。

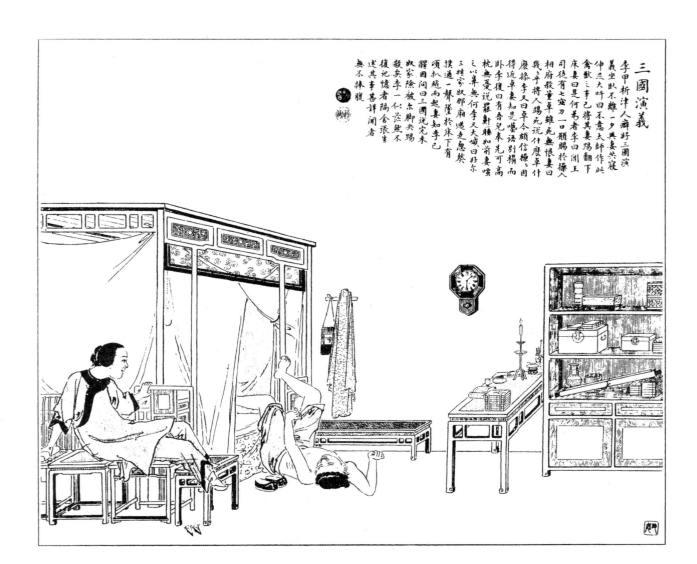

三國演義

李甲析津人癖好三國演義，坐臥不離。一夕與妻共寢，仲忽大叫曰：不意太師作此禽獸三事。已將其妻踢下床。妻曰：是何為者。李曰：渰王司徒有七寶刀一口，願賜於操，入相府殺董卓，先無恨。妻曰：幾乎將什麼事，今夜又呼操曰什麼。李曰：卓今顏信標也。因得近卓。妻知是譬語，別榻而臥。李復曰：吾兄奉先可高枕無憂。說罷斬睡如前。妻噴之以鼻。無何李又大嘯曰：好尔三姓家奴，那廝退走急。忽然摸道一聲隆於床下，有頭扒越而起。妻知李已醒，因閒曰：三國說完未。收家陰被束腳央賜，殺矣李一似范墜，不復記憶者。隔舍張生述其事甚詳，閒者無不捧腹。

73. 匏集《毙于车下》（金蟾香绘）

　　天津铁路公司的一列火车由芦台开往塘沽。火车已经开动, 站台上奔过来一个迟到的人。他见车速不算太快, 就拉住车门, 想跳上去。不料脚力没跟上, 手又握得不牢, 摔下来落在了铁轨上, 大腿被车轮轧断。司机急忙刹车, 下车一看, 那人已肉烂骨折, 奄奄一息, 不久就死了。文字作者认为:"火轮车之行, 其疾若飞, 其力甚大, 人或触之, 未有不血肉横飞、立即毙命者。""甚矣, 人之不可履危蹈险也! 虽侥幸获免, 世或有之, 然何忍以性命轻为尝试哉? ! 所愿触于目者警于心, 以此为前车之鉴也可。"

　　参见分析 7《火车开通事故多》

74. 匏集《鼠作人言》(金蟾香绘)

　　天津河东二甲地方邬金章家,是一户小康人家。夫妇二人年过五十,只有一个女儿,刚刚十六岁,容貌姣好,视为掌上明珠。他们家里,夜晚熄灯之后,总听到有人说话的声音。开始以为是小偷,但起来一看,屋里并没有被盗的痕迹。躺回到床上,那声音又出来了,于是怀疑有鬼。女儿胆小,不敢独自睡,就与女仆同睡一床。一天半夜,女儿尚未睡熟,忽然听到墙里有人说话,而且都是脏话。她听了很害怕,就将女仆推醒一起听。女仆大声问:"什么人?"那声音就消失了。第二天早晨,邬氏夫妇得知此事,觉得很奇怪。过了几天,半夜里又听到笑语喧腾,女儿与女仆同被惊醒。她们趴在枕头上倾听,那声音一会儿像是在互相骂街,一会儿又像是在打架。就这样闹腾了一夜,听起来很恐怖。第二天早晨,女仆扫地的时候,发现有四只死鼠,都有一尺多长,血肉模糊,一定是互相咬死的。又发现床下有一个很深的洞穴,于是找来人把床搬开,用烟火熏它,捕获了十几只大鼠,把它们拉到郊外放了。从此家里不再听到那样的声音了,于是知道那声音都是这群老鼠折腾出来的。

鼠作人言

附图 8 《鼠作人言》(见《吴友如画宝·山海志奇图》)

　　天津府河东三甲地方邬金章家,是一户小康人家。夫妇二人年过五十,只有一个女儿,年及破瓜,面如琢玉,视为掌上明珠。所住的房子是由庙基改造的。他们家里,夜晚熄灯之后,总听到有人说话的声音。邬金章起来一看,屋里并没有什么异常痕迹。女儿胆小,不敢独自睡,就与女仆同睡一床。一天半夜,女儿尚未睡熟,忽然听到墙里有三四个人说话,而且都是脏话。她听了很害怕,就将女仆推醒一起听。女仆大声问:"什么人深夜至此出言放肆?"那声音就消失了。继而又听到笑语喧腾。女儿与女仆趴在枕头上倾听,那声音像是在打架,气势汹汹。第二天早晨,邬氏夫妇得知此事,觉得很恐怖,打算搬家。女仆扫地的时候,发现有四只死鼠,都有一尺多长,血肉模糊,一定是互相咬死的。又发现床下有一个很深的洞穴,于是找来人把床搬开,用烟火熏它,捕获了十几只大鼠,把它们拉到郊外放了,从此家里不再听到那样的声音了。

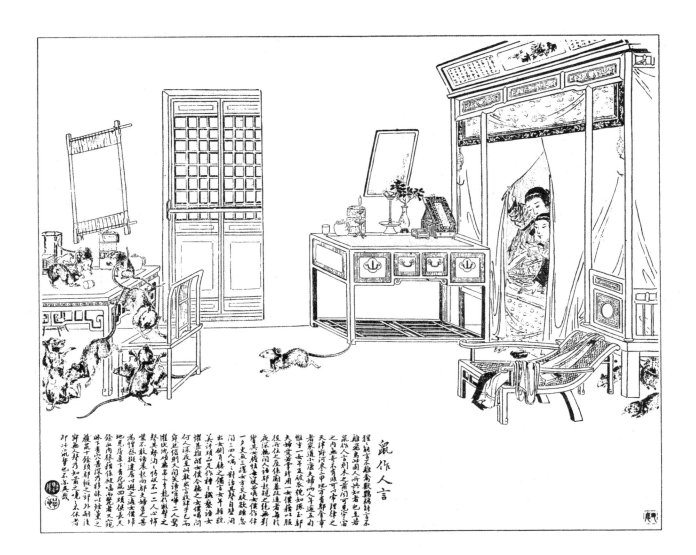

鼠作人言

猩猩能言不離禽獸鸚鵡能言不
離蜚鳥此固人所共知者也至若
鼠能人言則未之前聞可見宇宙
之内無奇不有渾身是膽亦近理
天津斯河某三甲巷有喬斯氏家富
甲家道小康夫婦四十年僅生一男
惟生一女年方破瓜如珠如寶五日
一女通小康夫婦四十年僅生二内
夫婦愛若掌上明珠不忍輕離一服
役炊爨之屋徐徐延此近者用一僮
僕住側之屋徐娥延逆者之化盈彩
窗其啟破牕如狼長嘯如珠作僕作
何以深庭女时聲蒙蒙躍鳴間
身地僮剛天間美語喧嘩婦二人驚
出女側月德之僮之俱主辰言聲潤
美評頃必足足作神之撮藝海女
攜畫醒剔醒剔女之神之文傳問
梨狀坑剔滆以情狀郭郎夫婦至甚
地見層層妻下看尼蕊四頭慎著大觀
餘此肉狼揚牕被福福品寬著天觀
峽下有六蒜深方移枕以鐘重之
覆鼠十餘頭別挺之許外剛接
穿無人移為如前外剛接
即此凡筆也不寫真哉

75. 土集《弹丝联响》(符艮心绘)

　　正月新春，天津协盛茶园（在北门外侯家后西首）招人表演各种戏曲杂耍，如拾不闲、莲花落、梨花片、大鼓、五音、相声、双簧等类，夹杂一些小曲、戏法，都很悦耳娱目。其中"弹丝联响"更是绝技。四名演奏者紧挨着坐成一排，第一个人右手弹拨洋琴，左手按捺三弦；第二个人右手弹拨三弦，左手按捺琵琶；第三个人右手弹拨琵琶，左手按捺胡琴；第四个人右手执定胡琴，左手推拉弓子，四人联奏，声音和谐，得心应手，抑扬顿挫。台下喝彩声与台上管乐声声声相应。文字作者借用"此曲只应天上有，人间能得几回闻"的诗句评价这种绝技。

　　参见分析 16《协盛及天津的茶园》

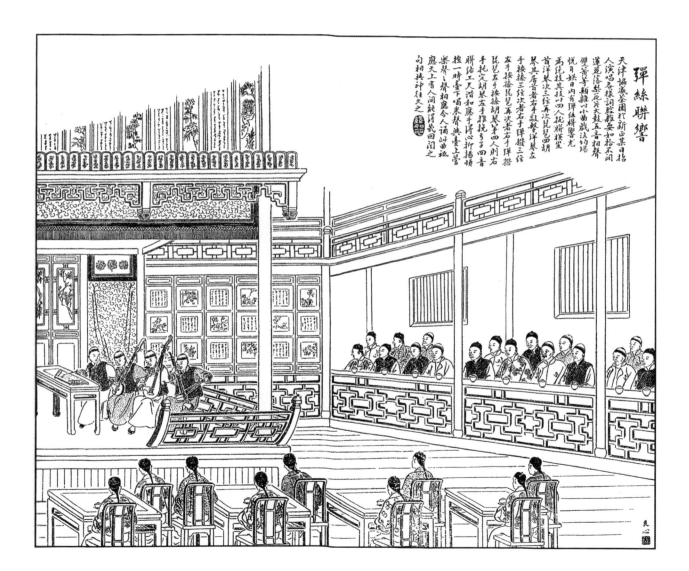

弹丝联响

天津协盛奎园打新正某日招人演唱各样词腔雅要如拾不闲莲苑洛琴花片大鼓五音相替樱又簧等类雅以小曲戏法珍娇悦目娱目内有弹丝联响堂为绝技其技以四人抚胼横堂首洋琴次者右手鼓擎洋琴左琴其居首者右手鼓擎琵琶四胡于换搽三弦者右手弹琵琶三弦左手搽胡琴再次者右手弹撮琵琶五手换搽胡琴第四人则右手托况胡琴左手推搽与子四音胼结工天诸和应手评心折扬顿搓一时台下唱来声典台上管乐声之替相胼廊令人诵此曲瓶廊天工者人闲龙诱载回闲之句相挟神往久之

良心

76. 土集《童子军》（何元俊绘）

　　天津有两个年仅十四岁的孩子，由口角发展到动手。他们各自纠集三百多人，执树枝当枪杆，扔石头当炮弹，各树一军，相互攻击。冲在前面的人，先是摩拳擦掌，继而气喘魂飞，最终头破血流，额裂睛突。剩下的人也都受了伤，就像败北的残兵，纷纷抱头鼠窜。孩子们的父母都护着自己的孩子，为此到县里打起了官司。文字作者认为："小流氓之风莫盛于上海，然不过十百成群横行街市、欺弱凌寡而已……北方风气素称刚劲，械斗之案时有所闻，少年子弟耳濡目染，遂至相习成风……"

　　参见分析 15《天津的"混混儿"》

童子軍

小流跳之風其最於工
海甚不過十百歲聲橫
行街市歟酌凌賣而巳至代
斜業豈數百人之多為陣對
圖如此大敵者則尚來之有
閱北方風氣素馴勵槭門之業
時市所閒少年子子茅耳滿目集逢豆相
賀成風日首其娃羽童子兩八年
催十四齡圍細故口甫各集羽棠三百
餘人欲弥楚溪之事以定藤辟之長
政聲喜精家作挺梗則擲石為帆互相
撩掌繼而氣喘瑰氣終而頭破血流
頭裂睛突餘系各有溪偶儼如敗
北殘兵紛小抱頭喘敢之心頓起悲母見
此情形反以紙情之頃未而母牙
之松相興赴縣控告未六賢長
官將何以安旰一軍之督察也

77. 土集《一猪二身》（张志瀛绘）

　　天津缪某家有一头怪猪，一个头，三只眼睛，两个身子，八只脚，通身黑色而杂有白毛。有人说它是猪八戒的变相。

78. 革集《犬乳弃婴》（何元俊绘）

　　天津府青州南乡有王姓兄弟二人，比较富有，全家和睦，好行善事。王老大没有孩子，就把侄子毓秀视为亲生，打算将来让他继承财产。去年，王老大纳了一个妾，她很快就怀孕了。毓秀怕新生儿分走财产，就买通了助产婆，想将婴儿置于死地。生产之日，助产婆对王老大说男婴已死，王老大就让佣妇把死婴埋在荒郊。佣妇将婴儿潦草地埋了，匆匆而归。当天，王家养的一条母狗忽然失踪，狗崽全都饿死。一天，王老大听到外面有小孩的啼哭声，循声找去，只见草丛中自家的母狗在给自己的孩子喂奶，于是将婴儿抱回，全家欢庆。助产婆闻讯赶来观看，刚一进门就被母狗咬住她的大腿，疼得她大喊大叫，母狗还是不撒嘴。王老大十分疑惑，追问助产婆，助产婆交代了事情的原委，母狗才撒了嘴。王老大也没有深究。文字作者认为："是可见善人有后，冥冥中盖有天焉，岂人力所能为哉？！"

犬乳棄嬰

79. 革集《再生缘》（何元俊绘）

南皮（当时属天津府）人齐某，贩布为生，家有老母。一天，他在街上见到一个美貌女子，不觉心动。他打听到这个女子家里贫穷，有个寡母，以绣花为生。正遇上这个女子找齐某买布，他就有意贱卖，或者赊欠，也不追债。女子对他印象很好，日复一日，眉目传情，实际上心里已经许给他了。不久，女子忽然得了暴病，没几天就死了。其母将她装殓，暂厝于郊外。齐某突闻噩耗，十分悲痛，半夜到她的棺前祭奠，放声痛哭。忽然听到棺内有动静，感到奇怪，大着胆子打开观看，只见那女子呻吟着，并没有死。齐某十分高兴，背起她回家。他的母亲见他背回一具死尸，吓得摔倒在地，脑袋正好撞在铁耙齿上，疼得晕过去了。齐某惊慌失措，背着女子跑了。幸亏邻居相救，其母才苏醒过来。齐某与女子有情人终成眷属。

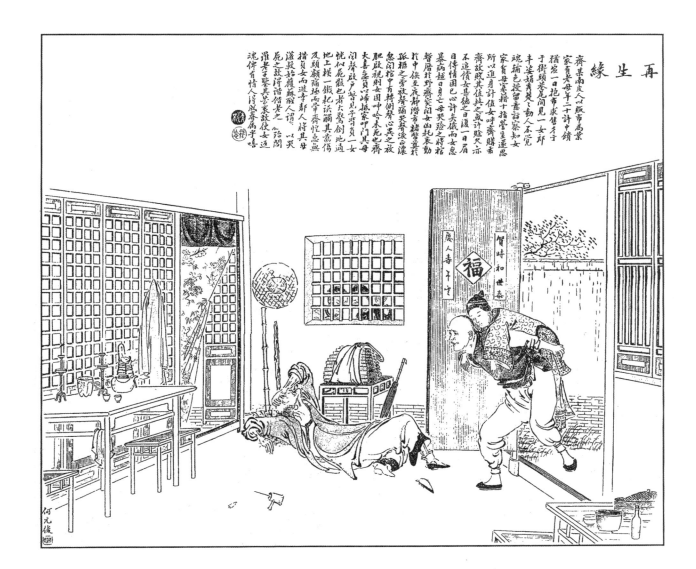

80. 木集《迂腐受欺》（金桂绘）

　　天津武清贺某是村里的学究，平生好讲宋儒语录，一举一动极为拘谨。他在河北教书谋生，学生在作文中如果抄几句宋儒语录，无论通与不通，他都击节称赏。明白的人莫不嗤之以鼻。一天，贺某拿着水烟袋在斋外散步，还朗诵着宋人语录，声如金石。窃贼知道他迂腐，上前抢走了他的水烟袋和小帽，从小路上跑了。贺某追到小路上，就说："古人云'行不由径'。"又说："穷寇毋追。"于是停住了脚步。

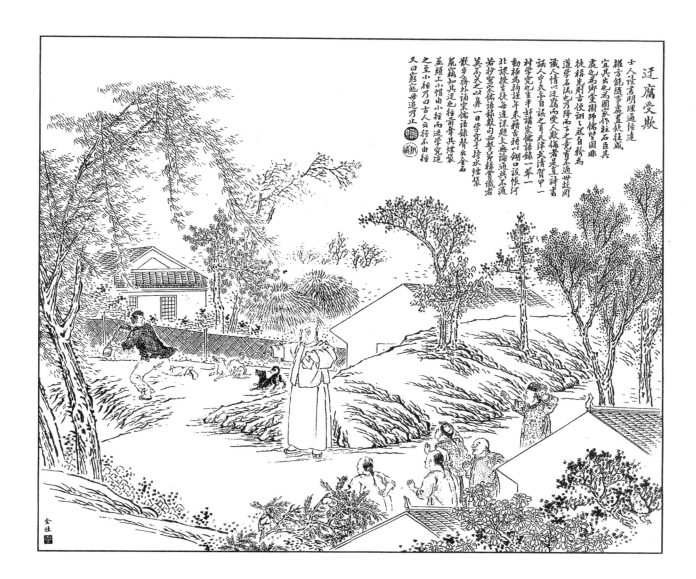

迂腐受欺

又曰龍池紀畾追乃止
之至小袒乃曰古人豈行不由徑
蓋頭知其迂也挺而進學竟迄
鼠竊如其外誦宋儒語錄背共煙袋
散步鄰外之以身一日學究予時求煙袋
莫不為宋儒語錄數句名聲籍甚輕當遺者
若抄宮家儒語錄每逢課題文興論通共不通
北課授其徒年未稽苦耕小鋤口誤悵河
動輒為搁謹之有天津武清賀甲一
對學究也生平好講宋儒語錄一筆一
誠人中夫害自課之有天津武清賀甲一
藏人情迂為為受人欺悔著是宣詩書
道學名沉也方降而不之竟真不通世故間
徒稈光剛古侯諷ヒ惑自務為
處也為鄉黨樹師偏望圍晰
宜其出也為國家作社石臣其
雖方能隨事處畫最往威
士人讀書明理通陸達

金柱

81. 木集《铜佛何来》（何元俊绘）

　　天津闸口延寿寺的头陀严守清规，礼佛虔诚，为当地居民所信服。一天早晨，寺门还没开，头陀起床，刚要焚香顶礼，忽然看见座上有四尊铜佛像，都有一尺多高，不知从何而来。炉中香火尚未熄灭，寺门紧闭，很是奇怪。消息传开去，信徒们以为是神所为，于是争先恐后地前来烧香。文字作者认为："僧人因佛以得食，又托佛以惑人。"

銅佛何来

天津閘口延壽寺頂陀惟喜畦宇清
規禮佛甚虔為居民所信服一日晨
起寺門未闢首秋蒸者頂禮急見陛
上有銅佛像四尊曾長尺有咫不
知其何自而來且燈中尚有香火
未息出視寺門仍為鑰如故相與
詫之精怪由是風聲所播咸候佛之
徒信以為神靈詣寺尋瓶者
真有如水如雲之盛詢此說出自
僧家安知非因寺中有煙屏滅故
作種種通吒慈觀龍惜世人不察昧之美人
其愨中有不延此佛果送何處宪来則
必某廟失去四像之事佛以竟絕無閒見
耶僧人因佛以浮食天缘吾區難逃如來頸鑾
諸佛法浮何羅過吾區難逃如來頸鑾
矣哉回此脈汝所知彼佛法廣大安結以
去住限之

明甫

82. 礼集《驴异》（金蟾香绘）

天津西门里一家磨房养了一头母驴，生了一头奇形怪状的小驴，两个脑袋，五只脚。见到的人无不咄咄称奇。驴的主人很高兴，对家人说："奇货可居，要小心喂养这头驴，长大后可以载往四方，让人观览。我知道好奇的人中一定会有出高价求购的。"文字作者感叹："驴乎，驴乎，果能如其愿以偿之乎？"

83. 礼集《妖狐何在》（何元俊绘）

　　蓟北人胡某喜欢酒色。一天，他路遇一个自称姓胡的女子，很高兴，就尾随她来到一所陈设精雅、食品丰富的住宅。女子对他殷勤款待，眉目传情，还有侍女在旁边伺候。凡是他想要的东西，女子都能给他。他羡慕女子的本领，却不知道她是狐狸。过了两年多，胡某的儿子得了功名，将要做官，迎接父亲到任所。胡某要女子与他同去，女子挥泪说同行必有灾变。路上遇到猎人，女子见猎犬扑来，就从马上掉下来，现出狐狸的原形，奔跑逃命。猎犬追了一里多地，将狐狸捉住。胡某赎回狐狸，为它疗伤。回头一看，马鞍上还留着狐狸穿的衣裤，好似蝉蜕。那个侍女已不知去向。

84. 乐集《狐女多情》（金桂绘）

　　天津人尚某侨居秣陵，忽有美人深夜入室，缱绻殷勤。尚某当作奇遇，秘不告人。不久，他得了病，这个女子亲自熬汤药，俨然就是伉俪。朋友来访也看不见她，因为她有隐形术。有一次露出原形，正好被朋友看见，十分怀疑，于是出资请来驱妖灵验的钟山道士。道士刚一进门，就说室内妖气太重，不是符咒所能驱赶走的，于是度地为坛，张网作法。一会儿，有一团黑气投入网中。上前一看，是一只白狐，毛如雪色，口衔小草，闪烁有光。道士拿剑要斩它，白狐跪地求饶，并且向着病室叫唤。道士查验小草，是灵芝，它是白狐采来为尚某治病用的。道士念其多情多义，饶了她的性命。尚某得到灵芝，病也好了。

狐女多情

津人尚某僑寓祿陵倚有
麗人深宵入室隨綢繾勤
竟與寬夕尚以為奇遇私
不吾人未嘗見作女視孰
潘棠儼如侊儷有友視
宗帛見蓋女固有隱形術
也嗣以女爱勞過甚偶或
露形通為友見大疑之時
鍾山某道士壇勒術驅
遠最靈友乃得資造請焉
道士瓴武僧芏甫入厉曰
妖氣甚深雖符兇斯飪驅
乃度地為壇四面皆張獵
鋼道士為步介法且戴手
而指曰速己戾大有黑氣
一围獄投鋼内視之刖一
白狐毛道士愿聲劍欲斬
之狐削伏乞令以雳向病
室乃畔道士臊其羊為芝
知狐乃採心療疾者遂助
以大藏情而宵之尚疾獲
芝而食鳴呼世之膜視共
夫昔不獻此首之不若我

金桂

85. 乐集《形同海盗》（张志瀛绘）

　　李鸿章雇英商怡和洋行的高升轮船，运载兵士一千多人。当时中日尚未开战，日军悍然不顾万国公法，当高升轮驶近高丽海面时，他们喝令停船，并派兵上船查问，要强将船主带到日船。中国将士誓死不降。船主不得已，对日兵说："我船从大沽出海，途中尚未开战。现在既然不允许前行，那我们就折回大沽好了。"日兵回到日船，就施放鱼雷，并放炮轰击。高升船被打得粉碎，沉入海底。中国士兵在水里沉浮，日军开炮逐一射击。最终中国士兵一千多人遇难，获救生还者仅有二百余人。文字作者认为："（日军）全无人理，乘我不备，开炮先轰，又以数兵舰共击一商轮，独不知此船系挂英国旗号。英人以两国未下战书例准装兵，并无不是之处，是以英律师谓其与海盗无殊。吾恐海盗尚不至残忍若此也！"

　　参见分析3《中日甲午战争与天津》

86. 乐集《破竹势成》（金桂绘）

　　（1894 年）七月二十四日下午四点天津来电，说十七日中国军队至平壤大胜日本军队，南追五十里，克复中和府城。十八、十九、二十等日，中国军队万余人陆续调往中和府，前后已有三万四千人。各位统领已定于二十二日南征。目前日军驻扎山口，约有两万五六千人，两军相距二十余里。日军已将辎重搬到船上。文字作者认为："殆所谓未知胜负，何如先办一条去路也？！倭人之可笑如此，而尚欲以蚍蜉之力而撼大树，奋螳螂之臂以当（挡）车辕，是真不度德、不量力⋯⋯"

　　此图虽然没有直接描绘天津，但是这么重要的军事情报来源于天津，足堪重视。

87. 乐集《愿效雄飞》（符节绘）

　　天津人赛月楼在上海做妓女，喜作男儿装束，冬天穿戴狐裘风帽，秋天则是团扇轻衫，摇摇摆摆，犹如花木兰再生。逐臭之夫往往炫异矜奇，趋之若鹜。入夏以来，赛月楼身穿宫纱衫，手握雕翎扇，宝马香车，招摇过市，自谓谁能辨我是雌雄。一天，一个嫖客到三马路公阳里一个妓女家喝酒，赛月楼女扮男装，乘轿前往，刚到门口，恰被英租界包探顾阿六看见。顾阿六诧异于这种不男不女的人竟然在十里洋场中毫无顾忌，就上前抓住赛月楼，将她送进捕房，再转送英租界公廨审办。文字作者认为："贤有司虽护花情重，当不使巾帼之人乱我冠裳之列也。然该妓已香魂惊散矣。"

顧效雄飛
滬妓賽月樓洋人也修眉皓齒態度昂藏祇以六寸膚圓喜作男兒裝束於是冬則狐裘風帽秋則團扇輕衫翩翩搖搖居然有空心大老官模樣否則為鄭櫻桃流亞而不知其為反木蘭後身也然逆與之夫往往炫異矜奇趨之若鶩入夏以來身穿官紗衫手握鵰翎扇寶馬香車徜徉街市方自謂易釵而弁誰能辨我雌雄也某日有狎客某甲偕至三馬路公陽里某妓家循酒該妓如前修飾乘輿而往甫及門適為英包探顧阿六所見詭試回此撲朔迷離者今何敢於洋場十里中浸無顧忌乎遂上前拘往解入捕房轉送英公廨審辦想賢有司雖覆蔑情重當不使巾幗之人亂我冠裳之列也哉該妓已香魂驚散矣
公陽里
符節

88. 射集《西员受贺》(张志瀛绘)

德国人汉纳根帮助北洋水师练兵多年,深得李鸿章器重。日军肇事攻击中国商船,他泅水逃生,回到天津候用。李鸿章了解他的才能,任命他为副提督,仍令他协助中国将领丁禹廷(丁汝昌字禹廷)率领海军赴高丽。八月十八日,中日军队遭遇于鸭绿江,汉纳根激励将士,而且指挥有方,使过去畏缩不前的人也舍命奋战,击沉日舰四艘,奏凯而回。他虽然受伤,却立了大功,中国人都仰慕他,以能够见到他为荣。天津绅商尤为爱戴他,请名家写了一篇贺辞,叙述他的战绩,为他记功,还到海军副提督公馆按照西方习惯朗诵贺辞,感谢他对中国的帮助。朗诵完毕,汉纳根谦让再三,才接受贺辞,并设茶点款待官绅们。双方交谈了很久才分手。

参见分析 3《中日甲午战争与天津》、9《握手礼在天津》、12《久居天津的德国贵族汉纳根》

西員受賀

德員漢鈞銀向立北洋陳軍有年盖幸
傅相器重每自俄人筆斡擊我商船漢君泗
水逃呈回津候用傅細知其才乃吶副提
督之位倍合督平海軍裏同丁高起宫保護
兵赴高八月十八日過俟狴鴨綠江漢君駒
將士調度有方傾使向之畏循石者蕃奮激
用命連淳擊況佳欄四戡姜既而回員雖受
傷歐功甚倍華人仰之如星星感心沂瞻平
采為幸津郡伸蕭漢君戰績沾銘其功且請天
賀辭一扁叙通漢君戰績鉻其功且請天
津縣手持實大合同蕭賀辭至海軍副提
督公餚中點西側胡誦賀辭稀謝助華戰
陳名情誦華漢君謙進再三姑行措辭受
賀通誤茶點款待各官仲良久始別是後
也減者謂為載華剏典莊誌之

張志瀛

89. 射集《借赈索贿》（符艮心绘）

灾民流离，困苦待哺，而有人却借放赈图财。十月下旬，就有人冒充委员司事之人，到天津城西四十里的大滩村放赈。他们尚未查户口，就宣布先给大户每户五百文钱，小户每户二百五十文钱。一时间贫困户闻风而至，就像蜂屯蚁聚。只是他们要每户先交五百文钱，然后才能登记。贫困户们凑钱交给他们，他们给贫困户开了到杨柳青领钱的钱帖。谁料三河头闻讯驱车恭迎委员时，却发现委员、司事、仆从一共八个人正在店里围着喝面汤。河头觉得不对头，立即让领赈的贫困户拿着钱帖到杨柳青取钱，看看是真是假。一兑，发现是假的，知道那帮人是骗子，于是全村人一起找他们算账。那八个人中已经跑了六个，只抓到了两人，转送县署究办。文字作者认为，"灾民之苦甚矣，待振（赈）之情极矣"，而这些骗子趁火打劫，"以流民之脂膏，供一己之挥霍，此岂尚有人心乎哉？执而痛惩之，是所望于贤父母"。

参见分析 17《灾害和疫病》、20《天津的钱帖》

籍赈索賄

90. 书集《索门生帖》（何明甫绘）

据天津《直报》消息，中日订立条约之际，山东、湖南两省京官及新旧各科门生多人，拜见军机大臣孙莱山大司马，认为老师重权在握，应该力谏皇帝免此羞辱。孙莱山婉言开导，众门生十分失望，立刻索回门生帖，不再做他的学生。孙莱山无可奈何。文字作者认为："书生迂阔，不知权变，以致三朝元老遭此奚落，亦可见众怒难犯矣。"

此图虽然没有直接描绘天津，但是消息来源于天津《直报》，足堪重视。《直报》创刊于 1895 年 1 月 26 日，创办人是德国人汉纳根。报社属直隶省，因此起名《直报》。同时还有"言论要直言，新闻要直书"的寓意。

桑门生帖

天津直隶三军械大臣孙
某山大司马府善画顺治门
外德政胡同四月二十三等
日百山东湖南两省京官及
新旧谘科门生多人因中日
约款谘多不便持语大司马
第请见以为誓师躬掌福密
任极人自当致主爱目厚主
厚且死之状峙约秤约状何以
不能极谏犹点古使门是捧
到誓师地多品然叶死胡争
大司马妪为湄淳夫责夫拌
诸门生之章主剜堂漠门
告帖不额再列门墙大司
马无言也何答以礼贺者
善多一时碑难童谕连
日壁还何为另各门生泉
口一词谓帖之有无姑不
其论谘书络每人一锁字
则叶心要夫云々嘻书主
迁澜不通谁觉以致三朝
元勇遭叶夫语点可见泉
帖之难耻夫

91. 书集《李怪》（何元俊绘）

　　天津一户人家，富甲天下，建有一座大花园，其中有一棵李树，粗可数围，高逾百尺，已经生长了数百年。去年秋天，忽然有一个老翁，绛袍纱帽，鬓发苍白，高立树颠，临风望月。家奴不知道他是神仙，投石掷之，惹得神仙发怒，日夜作祟，家人生病，衣物自碎，纷纷扰扰，没完没了。主人害怕了，焚香顶礼，也不管用，又请来僧道驱除。谁料这神怪神通广大，气焰熏天，始终不怕。此外又添了一小怪，猴形人体，在树上若隐若现，凭高掷石，助纣为虐。即使很多人围观，他们也毫不退却。这户人家为此而耗资无数。

木怪

草木之妖類能為虛妄
未有如天潭李怪之甚
者閻後某某富甲天下建有大庭
園一所其中有李樹一株大可數圍
高逾百尺數百年物也云秋息有一
吏緑祓紗帽頭頸著著甚高立樹
巔點風望其家奴不知其為神也
拾石獅之神怒日夜作祟成心疾
病相侵或則辰物自碎擾心繚
遠與富家主人惠之築香頃禮
曾系離戰乃遁信道祿解井延法師驅除
証此怪適廣大勳蔥天伏右異懼且
自叶吏添一小怪揀刑人體常主樹上時
陽時見應高揪石見者神揪隴眾目影觀
不甚精卻一吾相助為盧吏者而果蜡家
貨固此折札巳不塘像指計何狗妖招
狂若此安得伏魔吉帝早為國家除

何元俊 印

92. 书集《草偶显灵》（金蟾香绘）

　　前年，天津梁氏营造墓田，极其奢侈，旁边还建有房舍，也很宏伟。事过境迁，人们都没放在心上。该村有个富户，每年秋收都是粮食满仓，但常常亏损短缺，不知是什么原因。主人看不出有偷盗的痕迹，就怀疑是仆人偷的，责骂了他。仆人含冤，想弄个究竟。这天夜里，仆人潜伏等候，只见来了两个巨人，他们头大如釜，身高丈余，金铠辉煌，手持画戟，跳墙而入，到了仓库自己开门，饱食粮食而去。月光之下，这一切都看得很清楚。仆人远远地跟着他们，看见他们进了梁氏殡宫，知道是他们在作祟。第二天早晨，仆人告诉了主人，聚众去搜查，见有方弼、方相两个草偶，酷似夜间所见巨人。破开他们的肚子，找到粮食数十斛。点火把草偶烧了，怪事也就没了。

　　参见分析 18《活人出殡》

93. 书集《海啸淹军》(张志瀛绘)

　　由于日军挑衅,某军门率数千名将士在天津海口扎营设防。幸亏和议已成,全军保全。不料四月初的一天夜里,忽然发生海啸,滔滔汩汩,来势凶猛。军门以为是暴雨,命令将士不得妄动。谁知水势越来越猛,将军械火药全都冲没,很多兵士也随波逐流。军门至此才知海啸成灾,急忙命令拔营撤退。兵士在洪涛巨浪里仓皇逃命,就像湘军淮军遇到日军一样。即使这样,很多人还是被淹死了。文字作者认为:"说者谓此辈平日抢掠乡村,奸淫妇女,无恶不作,一旦临敌,复何所用?!故天特假手于海龙王,以扫除此孽也。殆亦理数使然欤?"

　　参见分析 17《灾害和疫病》

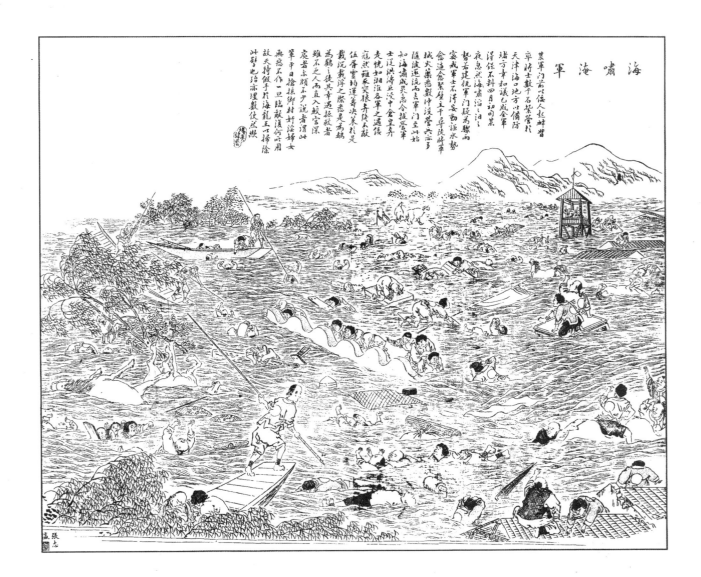

海
嘯
海
軍

94. 数集《疟鬼畏刀》（何明甫绘）

　　苏州李氏妇人寄寓天津，染上疟疾。她在昏迷中，看见一个像猫似的东西跳到她的床上。仔细一看，是一个小童子，穿着绿衣红裤红鞋，头束双髻，朝着她笑。于是她寒热交作，直至昏睡过去，但不知是怎么引起的。如此数日之后，她忽然意识到它是疟鬼，但又无法驱除。一天晚上，童子又来，刚要上床，忽又退缩。妇人扭头一看，原来窗台上有一把切瓜刀，知道童子一定是怕这把刀。转天，她把刀放在枕边，那童子果然不敢靠近她。妇人拿刀砍去，童子吱吱叫着逃走了。妇人从此病愈。

癭鬼畏刀

95. 数集《树神求救》（金蟾香绘）

　　天津城外二十多里的一户人家，有两棵古槐，树阴覆盖数亩地。主人要扩大住宅，把树伐掉。某观察的太夫人住在附近，忽然梦见两个绿衣双髻、俊秀可爱的童子跪在床前，哭诉道："小人辈无辜被执，将遭刀斧，乞太夫人言其情于大人，庶可活命。"问他们是谁，他们说姓槐，请大人明天路过时制止戕害他们的行为。太夫人醒后，将此梦告诉观察，观察派人去打探情况，见有两棵槐树已被绳子捆住，正要遭到砍伐，于是急忙制止。

树神求救

距天津城外二十馀里坐落葛沽有古槐二株逸凌霄竟就立夫人致廣其宅傷枝樹視家某公之太夫人寓居近處急惡第二童子漆承望髫齡秀于髣注拜扎床前此小人堂奧亭被枕將道刀爷已生夫人言其情扎夫人庶完中不閑主人喜思戝害明日夫人卿道徑過時之小喜觀察觀家達挂挂探害槐見甚庶中有二槐隨客館叠工時班爷吾忿正之浮万钱异孔槐些不諫承救扎主人品搭戝咨跡之觀察以為義路又不鲜自連荘视家品求太夫人為之韩圃宋可讀善技门路者吴

96. 数集《冥案存疑》（金桂绘）

　　天津张啸崖十分孝顺，母亲死后，他守墓三年，被乡里人所推重。他临终前，梦见被两个差役请到冥府，冥官降阶迎接，让他坐在案边。正要说话，忽然听到喊冤声，只见一位长袖宫妆的皇后背对他们站在台阶下。一会儿，又见一位金甲将军被小鬼捆绑着跪在案前。这两个人辩论了一番，冥官略问几句就让他们都退下了。张啸崖问这是怎么回事，冥官说："这是前朝的事，您将来会知道的，现在先不要问。"张啸崖又问："您把我叫来，让我做什么？"冥官说："我这个冥官任期已满，照例应该卸职，您应当荣任此职。"张啸崖听了很害怕，托词推却。冥官说："这是上帝的旨意，我做不了主。请您快回去料理后事，到了期限，我会派差役去迎接您。"梦做到这里，张啸崖霍然醒悟，没过多久就无疾而终。文字作者认为："或云后乃杨妃，将军则陈元礼也。然则玉环其含冤乎何百世之后犹未结？此一重公案也。"

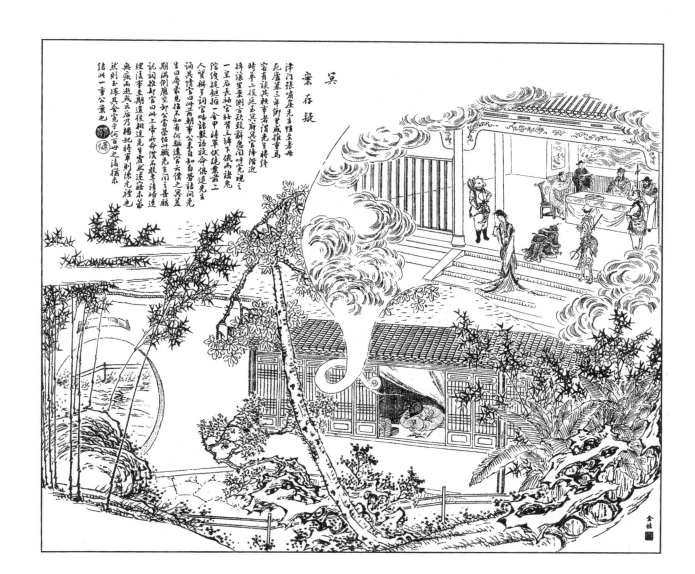

97. 数集《现身说法》（何明甫绘）

　　天津一名孝廉与几名轻薄少年朋友到郊外踏青，看见柳林中有一名少妇骑驴而过。他们见她孤身一人，便一起跟在她的后边，以污言秽语调戏她。少妇不搭理他们，赶驴快走。有两三个少年跑在前面追上了她。少妇忽然下了驴，说起调情的话，要与他们取乐。一会儿，孝廉与另外三四名少年赶了上来，孝廉仔细一看，原来是他的妻子。但是孝廉知道他的妻子并不会骑驴，这天也不可能到郊外来。孝廉又怀疑又恼怒，上前呵斥少妇，少妇却嬉笑如故。孝廉十分愤怒，抬手要掴少妇耳光，少妇忽然跨上驴背，又变了一副模样，用鞭子指着他数落道："见到他人媳妇就百般狎亵，一看是自己的妻子就愤恨不已，你读了半天圣贤的书，竟连一个'恕'字都不理解，怎么能博取功名？！"说完，她径自走了。孝廉面如死灰，僵立道旁，不知道自己遇上了什么鬼魅。

98. 文集《大守宫》(符节绘)

　　东方曼倩说，龙无角为蛇；蛇有足，善爬墙，则不是守宫就是蜥蜴，世俗统称为壁虎。段成式《酉阳杂俎》说这类动物大的有一尺长，而洪迈《夷坚志》则有长三四尺之说，这已经很令人惊奇了。天津一户世代做官的人家有座藏书阁，上面就有一条大守宫。相传此阁终年关闭，人们不敢打开。里面的守宫，身体差不多有一丈长。每到夏夜，人们可以看到阁檐间有一对灼亮的灯，那就是守宫的眼光。阁檐下养着一群鸽子，常被守宫吃掉，几乎没剩下几只。主人因惧怕而祈祷，并且每月供给它两次鸡蛋，每次数十个。这些鸡蛋都被守宫吃掉，因此鸽群才得安然。文字作者认为："盖此物似有灵也。"

　　守宫，即壁虎、蝎虎、蜥蜴，因常守伏于宫墙屋壁以捕食虫蛾而得名。

大守宫
東方曼倩之言曰臣以為龍又無角謂之
為蛇又有足跂跂脈脈善緣壁若非守宮即
蜥蜴而世俗統謂之壁虎皆一物也段成式
酉陽雜俎言其大者長尺許而洪邁夷堅志
則有長三四尺之說時已共驚為奇可知此
外皆無足比數矣乃津沽某世家藏書閣
上有大守宮焉相傳此閣終歲扃閉不
敢啟視內有守宮長幾盈丈每遇
暑夜見閣樓隙有雙燈灼灼然
其目光也閣之簷下舊有群鴿
恆被守宮吸食殆無遺類主
人懼而禱之每朔望供鵝子
數十枚輒被食去自此群鴿
遂安蓄此物似有靈也
符節

99. 行集《大煞风景》(周权绘)

　　天津曲院中的女校书（指能出场弹唱的高级妓女）俞绛真语言诙谐，姿态平常却不失风雅，因此她的出场价很高，一般客人跟她搭不上话。有一个富豪公子并不知道她丑俊，只是听大家都说她好，就召唤她。一个嫖客就与俞绛真商量，让她每次都找理由推辞不去。公子以为她瞧不起自己，一再加价，俞绛真才算答应。但等到了相会的日子，俞绛真却真的病了，实在不能去了。公子以为她故技重演，根本就不相信她的话，就出了银券五十金，让一名武举设法把俞绛真带来。武举贪财，就到妓院将俞绛真拽了出来，逼着她坐进轿子，一起来到公子的宴会。公子一看，俞绛真蓬头垢面，涕泗涟洄，不再是从前袅袅婷婷的样子。于是赶紧让她回去，但是公子已经为她破费了百余金。

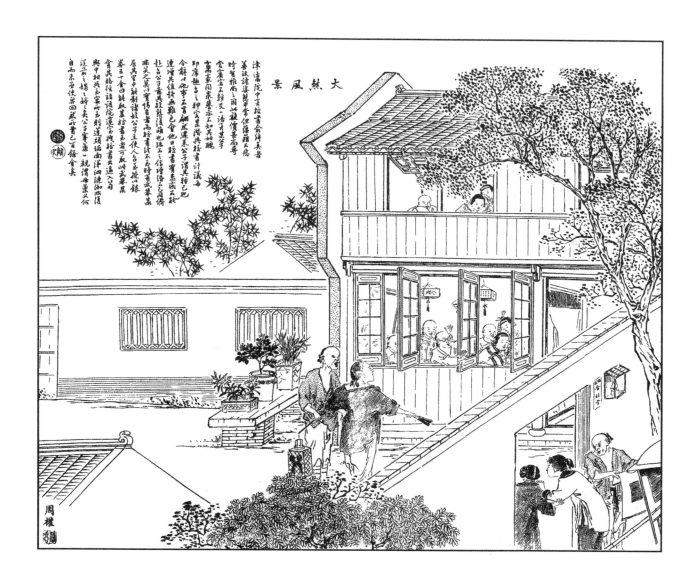

大熱風景

津浦院中有藏書會譯真者
善設諸邊龍筆常但據雜五忿
時賢雅為之國以雜價甚高尋
雲窗富不輕矣一語有某公子
富家閒泉某示不知其晚
卻席挹㓜己狎究某潘其探書計議每
令解㓜他事不知翻甚運美公子謂甚稱五也
連增其佳詩無難色會他日經實票惑已欵
赴公子審其註龍沒讷也嗠㓜己住塙陽㓜之同僔
瞈尖之荧訊實㗢甚而給書訝㓜為時有武某
居其里中餅翩諸賦公子主使人各為甚擁㓜銀
答呈㓜拿曰餅敞甚稱書五者可歉㓜稱㓜武某
會其賂䃂諳譩院遠宅㗢典稻甚稻書㓜遇入公司
與㓜相英㓜窒㗩剧蓮頭南洐洄澶油南復
远甚前㘗諝㗶夫公子寡康一觀謂毋葉㓜何
自雨束乎使果回藏所書己百餘金矣

周權

100. 忠集《人不如鸟》（符艮心绘）

　　唐沽（清张焘《津门杂记·七十二沽说》中有"唐沽"）有甲、乙二人，一向友好。甲有一只画眉鸟，爱如珍宝。乙因甲喜欢这只鸟，也跟着喜欢，偶而带回家去玩赏，不小心从笼子里跑了。甲很气愤，拿着刀让乙赔偿。乙笑着说："区区一只小鸟，也值得拿刀来比画吗？"甲与他翻了脸。乙说："我们这样的朋友，还不如一只鸟！"怒不可遏，夺过刀来刺甲，甲被刺中要害而死。凶犯被押审，将要偿命。文字作者认为："夫鸟，微物也；朋友，大伦也。以微物之故忍伤大伦，卒致戕人之生，害及己身……是可谓人不如鸟！"

101. 忠集《尼姑有道》（金蟾香绘）

　　沧州有个游方尼姑好清修，每到一户人家宣讲佛法，不求布施，只劝人们存善心做善事。一天，她到一个大户人家，这家的女仆施给她一匹布。尼姑合掌致谢，把布放在案上片刻，又还给女仆，说："你的功德佛已知晓。你既然施了，这布就是我的了。我见您衣衫褴褛，就把这布送给您做件衣服吧。"女仆十分惭愧地走了。文字作者认为："此尼诚深得佛心者哉！"

102. 忠集《侠客受欺》(符艮心绘)

　　天津人张某磊落豪爽，有燕赵之风，喜欢喝酒。每当酒酣拔剑时，他常自称"豪侠人"，因此有人叫他"张侠士"。一天黄昏，一个雄赳赳气昂昂的人进了他的店，手里提着一个口袋，里面的东西滴着血。来人问："这里是张侠士的店吗？"张某说是，将来人迎了进来。来人落座，说："我有一个仇人，十年没有找到。今天终于找到，我特别高兴。"指着口袋说："里面是他的头。"他问张某有没有酒，张某让人给他酒喝。来人说："离这里几里地，有一位义士，我要报答他，那么平生的恩仇便可了结。听说您非常讲义气，如果能借给我十万缗钱，我用来酬谢他，完成我的夙愿，那么以后我赴汤蹈火、做狗做鸡也不在乎。"张某本来就不是吝啬之人，又被他的话感动，倾囊而出。来人说："快哉，壮士无所恨也！"留下口袋而去。自此一去不回，杳无踪迹。张某怕口袋里的人头暴露，连累自己，没有办法，就让家人把它埋了。但打开口袋一看，原来是一个猪头。张某知道上了当，感叹道："虚其名而无其实，而见欺若是，可不戒欤？！"从此他不再有什么豪侠之气了。

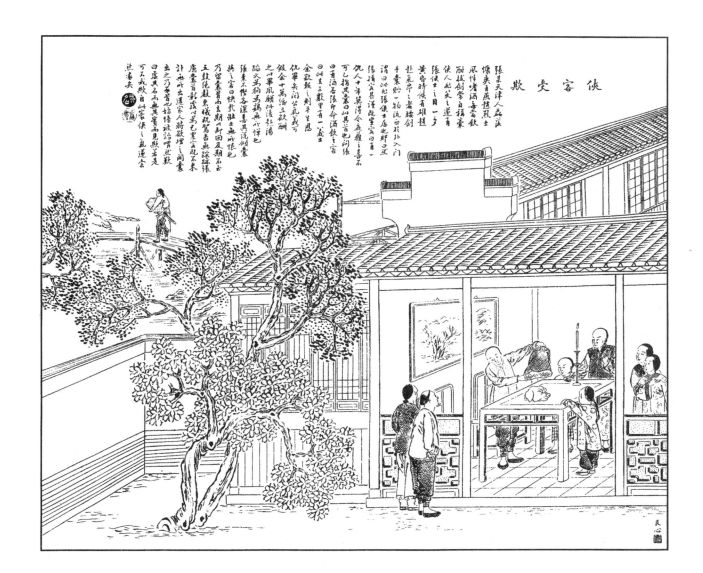

侠客受欺

103.信集《伙夫产子》（周慕乔绘）

天津沿海要隘有军营驻扎，每到仲春各军统领都要派人到市里制作勇丁夹服，称"做春衣"。有一个从该处军营里来的人说，某营有个伙夫，入伍时间最长，待人一向和气。月初的一天夜里，与他住在同一个帐篷里的人忽然听到婴儿的哭声，觉得十分奇怪，秉烛一看，只见这个伙夫生了一个男婴，满身血污。伙夫本人已如半死。当即据情禀报，管带官派人复查，情况属实，于是彻底检查营制。该营每棚除什长外，还有正勇十名，伙夫、长夫各一名。生孩子的伙夫系女扮男装，与同棚之长夫为夫妇。他们虽然入营多年，却没有人知道其真实身份。调查清楚后，该哨哨官、哨长、棚头因失职而受到棍责，长夫夫妇二人被立即开除，并通报今后再招募时必须检验清楚，不得再使女性混入。

伙夫崖子

津沽沿海要隘县带兵军营每值伊春
佣由各军统统派亦至津备运重工头
服谓之作春夸目谚谓伙夫旦甲入营冠中来
著言自某军某营伙夫旦甲入管冠中来
人素和平月初其同棚人急亦亦夜间闲有
咏之甚不觉说其來得谓视惟见诺
伙夫崖生一男应行满身亦亡苏年死
当町据情事揭官蒂名浪人重處唐贵
遂瀧底振宽寄营制每棚除侍長外出军
十名伙夫長夫者一名旦手乜伙夫原条
女持罢装其同棚之長夫万夫婚雄左营
夫军两童亦亦如萃究诺泽宾所提谈睛
啃官睛長棚頭诺其英察之咨于乜摄贵
長夫婦二人主所斥草乃谕關顶抒夸
時必須骑看明白不得二再使女流膝混若
甚則又枝本心谕混军乜外添一個詰夫

104. 元集《烧香遇祸》(何元俊绘)

天津如意庵(在西门外)为供奉天后神像之所。每年三月十六日,例行抬神出巡,称作"皇会"。神像到西头的如意庵驻跸,待到十九、二十等日再行接驾回宫。相传此项活动曾经邀请皇帝观看,所以尊称"皇会"。数年一赛,每次要花去数万金,所以非常热闹。今年三月十七日的皇会,庵内张灯结彩,进香的妇女蜂拥而至,流连不去。这天晚上,封家姨(风神)飞扬跋扈,将悬挂的彩绸吹到灯笼里,顷刻蔓延,火势不可遏制。妇女们张皇失措,拥到后门,想夺门而逃。但是掌管钥匙的人被挤得难以靠前,无可奈何。转瞬间庵成焦土,人化烟灰,妇女被烧死的不计其数。只有几十个孩子躲避到神座下,得以安然无恙。据说火起的时候,这些孩子听到殿上呼唤,及时躲避,才幸免于难。文字作者认为:"……因求福而遇祸,至于如此之惨。彼性喜烧香佞佛者,亦可以知所返矣!"

参见分析 14《如意庵皇会失火》

烧青遇祸

天津如意菴為供奉天后神像〻乎每届三月十六日倒
行异神出巡名曰皇會坐西倒〻
如意菴駐驆侯十九二十一寶所
行接篤回宮相传是會遇遊
御覧故菴其名每年一寶所
貴門盖為金誠非常热開也
本届三月十七日菴内張燈信
彩燭優〻披進香婦女而熾
寮時色流速不云遊是晓封
宫娥飛揚搖扶尾而未忙晚
掛闹彩火吹入燈闸頂刻蔓延
大势不可遏折名婦女慌張
失措奔趨後門喜欲奪闹
而出典如此情者破指難肩
只滞僅壁王觀辟睡间
菩薩也主人仪理废婦女
被燕人名如兒氣惟有幼
孩衰十名避遍神座下
贵遊作壁王觀辟睡神座下
云爱紅時间殿上
時啶回阿趙上殿
兇伏難笑其之元
甚此婦女回來福
兩遇禍去行倘此元
彼惜喜燒書侯佛
者盃可以知所还矣

元俊圖

105. 元集《流水无情》(何明甫绘)

天津东门外娃子胡同(天津东门外原有"袜子胡同",但胡同里确实有制作娃娃的)有一家姓王的富户,每天夜里雇令女仆坐更看守,以防小偷。一天夜里,女仆来到院里,脱了裤子蹲在墙根方便。有个小偷由墙外凿洞,从破洞里伸进手来,正好碰到女仆私处,不禁大喊:"好晦气!好晦气!此非桃源洞口,何以落花流水、着手成春耶?"赶紧跑掉了。女仆大吃一惊,急忙提裤起身,边跑边喊:"有贼!有贼!"家人被惊起,出来搜寻,那小偷已经不知去向了。

106. 元集《蒙师难做》（何明甫绘）

　　有个武清县人，在天津县荒草坨一户人家设帐教书。教了半年，不知为了什么，竟然没有一个学生交学费。他一催促，学生们反而一哄而散。他十分气愤，日前写了呈子，到了县衙门口，拦住县令的轿子告状，要求追回学费。县令想了想，对他说："看你这模样，不像读书人，怎么能教书呢？我现在说〈四书〉里的两句话，你要是能接下来，我就管你的事。"教书人只好答应。县令说"人之患"，教书人一脸茫然。县令又说"空空如也"，教书人仍是一脸茫然。县令嘲笑他说："就这本事，连书生都算不得，怎么能做先生呢？！"于是将呈子掷还给他。教书人只好羞愧地走了。

107. 亨集《杀子报》(何明甫绘)

　　一天晚上，天津人李某走路时遇贼抢劫，他说："我没有财物，只有身上穿的衣服，请你自己动手脱吧。"贼不知是计，竟然低头解他的衣服。李某乘机拿棍子猛击他的脑袋。贼被击晕，倒在地上。李某赶紧跑走，但是迷了路。他看见一处房屋亮着灯，就叩门求宿。这家的妇人以家里没有男人为由拒绝他。李某告诉她自己遇到了抢劫的贼，求她救一把。妇人就让他到侧面的一间屋里，与她的孩子同床睡觉。李某进去后和衣而卧，睡不着觉。半夜，他听到那妇人为人开门，还问："为什么这么狼狈？"来人说："今天大不利，劫人不成，反被人劫。"妇人小声说："刚才来了一个求宿的人，他说遇到了贼，说不定就是你说的人吧？"来人问求宿的人现在哪里，妇人说睡在侧房里。那男子愤恨地说："就是他！就是他！"就进了屋。李某知道来者不善，想逃走，又怕他追上，就躲到屋旁的猪圈里。没过一会儿，就听到了刀砍东西的声音。又听到那男子出来说："完事了。"那妇人说："我们的孩子也睡在那儿，你看清楚了吗？"男子很惊愕，说："没有啊！快点灯来！"不久就听到妇人哭着喊道："你杀了我们的孩子！"两个人都大哭起来。李某赶紧离开，走了十多里路天就亮了。他回到家后，将自己经历的事情讲给人们听。

108. 利集《开关有价》（符艮心绘）

北京城门的管理向来很严格，每天晚上锁门后要将钥匙交到提督衙门，直到黎明才能取出钥匙，任何人不得私自开关。皇帝召见边疆的守将入宫，才可以为他留门，夜间仅将城门关闭而不上锁。然而有个洋人由天津乘火车进京，行至前门，见双门已闭，怎么叫也叫不开，于是就用银洋一元贿赂守门者，得以进城。回到天津，他就因此事嘲笑说："京师城门只值洋一元。有之，则可启闭自由，往来无碍。其他事件亦不过十元百元或至千元，即可饵令俯首帖耳！"文字作者认为："嘻，西人之轻我中国何竟至于此极耶！"

109. 贞集《狐戏狂生》

　　沧州王家多狐仙，主人平时总是供奉着它们。一天，有客人在厅堂里寄宿，主人将狐仙的情况谆谆告诫，客人却笑而不信，言语不恭。主人摇手制止，恐有不测，就派用人陪伴客人睡觉。客人自认为胆大，坚决不用人陪伴。主人离开后，客人刚躺下，就听到厅堂里有响动，门忽然自动打开，有四条汉子突然进来，说："你竟敢毁谤我们，看我们怎么惩罚你！"他们上了床，分别抓住客人的四肢，拽到院里，用力将他向空中扔去，高过屋脊。客人只觉得飘然如驾云一般。快到地面时，四个人用胳膊接住，摔不着他。就这样扔了他三四次，虽未摔伤，却让他胆战心惊。忽然，台阶上站着的一个白须飘胸的老翁说："打住，打住，够他消受的了！"四个人才将客人放在地上，鼓着掌散去了。客人呕吐，晕厥，不省人事。后来，仆人将他救醒，对他讲了事情的原因，他才知道是咎由自取。

狐戲生狂

滄州王氏家多狐仙半昔供奉甚謹一日有宦客寓信其廳主人詳戒備至宓笑而不信詞頗狎謔主人拂首他事湖使信僅未佇寢宮川胆瓦自拾刀辭云及主人婦客甫就枕便闻堂中作聲恩趕內目闻有僕界四人突入曰殷諸君驚殺哪德劍二相其營床各執客一體吏急惠甲向空力擲高過屋眷魁其弟駕實霆將及地四人叫臂承一浮不摚突是三四作雖未跌損其心胆驚急蓬美急陛上文一里白頹頃李胸曰目目里白句約彼消突突兵器各地上相英殷掌两散穹唑吐晚為僕跆各知人晚言治人知蘇備各由自取云

110. 贞集《鬼能驱贼》（何元俊绘）

　　天津一个妇女死了丈夫，棺材就停在窗外。夜里，有个小偷隔着窗户偷东西。寡妇觉得衣服已经没有了，而小偷却还没走，她窘急无策，就出门大喊起来。小偷受到惊吓而晕厥。邻居都赶来，看见小偷就像死了一样，要报官府。一会儿，小偷苏醒过来，苦苦哀求，大家才饶了他。有人问他："你为什么这么怕一个妇女？"小偷说："我刚趴在棺材上偷东西，忽然有一只像冰一样的冷手紧紧地抓住我的胳膊，吓得我要跑，这时只见屋檐下站着一个大鬼，牙像锯，眼似电，张着血盆大口，声音如霹雳，伸着胳膊要扑过来，我就晕死过去了。"听到的人才知道鬼还能驱赶小偷。

111. 贞集《蝴蝶迷人》（周慕桥绘）

　　静海草米店村古坟中有蝴蝶，历年既久，变幻无常：每自穴出，迥异常蝶；渐飞渐大，直上云端；飘飘然，如纸鸢凌空；遇到踏青的女子，或飞穿裙底，或翔舞髻端。有人拿扇子扑它们，但是扑不到。村里有朱氏的一所别业，厅堂华丽，蝴蝶飞进去一展翅，墙上就像有了画，因为这些蝴蝶翅上满是花草云霞，五彩斑斓，即使画工也画不了这么好。这些蝴蝶往往隔着窗户吸人，被吸者往往口鼻流血而死。村里人以为祸患，带着家伙守在穴外，等它们飞出便弩箭齐发，但是蝴蝶已经飞远了，杳无踪影。后来忽然来了一个道士，自称姓胡，对村里人说："我多年来受到庇护，现在我要走了。"说完，倏然而去。从此再也看不到那些蝴蝶了，村里人非常高兴。

蝴蝶迷人

蝴蝶为採花使者性耽春色随寒伦
青邱不钱学入莊周有栩真欲仙之概也静
海草来店村古墳中有蝴蝶为磨平晩
久変幻無常毎自穴出迴旋亭亭蜂蝴渐
大直上宫满飘上武如纸繁陵空过百潘
青游女鱼飛亭裙底或翔青霎满人或心
眉揲之徒不可捉村中有来氏別業一砰
廊尾花華麗蝶入其廳一厦則墙为之満
窓常滿窗以疲吸人口鼻往~血
淡不止而死村人患之伏军
器挂穴外待其出好前
齐香而蝶已罢逼吾無
棕影浚魚第一道士
神宗诵说自椅姓
谓村人日子託多年
今将別其偷並而去自
此蝶遂不見村人始颜~相庆

112. 贞集《阿香除妖》（何元俊绘）

　　听朋友说，天津田家庄关帝庙里有一棵古槐，黛色霜皮，干霄蔽野，有数百年的树龄。一天忽然下起了雨，紧接着是雷声隆隆，电光闪闪，只见树梢上站着一个小孩，大约五六岁，光着身子，手执红旗。旗子一挥，雷电就消失。几个回合下来，雷电才彻底消失，天也晴了。有好事者上前观瞧，只见庙墙上有一个大蝎虎，七尺多长，已经死了。文字作者认为："大凡物不得天地之精气则不能成妖，而妖无祸人之心则不至于遭雷击。物，无论大小，其所以上干天怒不能逃此一劫者，推原其故，莫不皆然。而蝎虎其小焉者也。""雷所诛者即其妖也。"

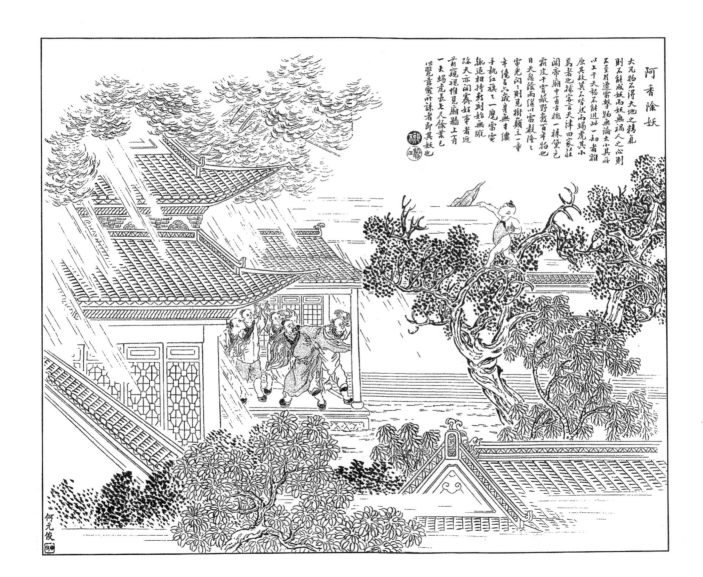

阿香除妖

大凡物不得天地之精氣
則不能成妖而妖無禍人之心則
不至干天怒而遭雷擊物與論去小者雅
以上干天怒其不信進此一切者雅
原其政莫不信道而蝍虎其小
爲甚也接客言天津田家莊
潤帝廟中有古槐一楝貨色
霜皮干霄撒野歲百年物也
日天怒陰兩進以雷轂隆し
電光闪し則見樹颠三重
辛儀色心藏身與手樓
手瓶红旗し一虎雷電
飘遠相持教到始無雖
踰天亦闯霏姑事近
前前窺視惟見廟牆上有
一夭蝎虎長七尺徐葉毛
如觀童蔽所誅者卽其妖也

何元俊

113. 贞集《节妇生须》（何明甫绘）

天津杨氏女与其夫相得甚欢，但不幸结婚一年多后丈夫丧生。母亲和婆婆都以家境贫穷和她尚很年轻为由，劝她改嫁，她却不肯，决心守节。有个武将听说她长得很美，出百金拉拢她的婆婆。杨氏女知道他的用意，就关门自缢，但被人救了下来。武将急于得到她，对她的婆婆说："如果不能金屋藏娇，就马上把钱还给我！"婆婆没有办法，就请媒人说情。武将说："只要能给我一夜的满足，那钱我就不要了。"他想先玷污她的身体，然后再让她屈从。婆婆就将武将引进家门，杨氏女要自尽，但是众人看守很严。她只好自打耳光，打着打着，忽然觉得腮帮子热如火烧一般，竟长出很多胡须，像个老头。武将见状，只好取钱走人。

附图 9 《介寿开觞》（见《吴友如画宝·海国丛谈图》）

　　李鸿章功德巍焕，震耀寰宇，不仅中国士庶奉之为景星卿云，而且西方臣民也仰之如泰山北斗。今年正月初五是他的七十寿辰，不仅皇帝赐寿，僚属祝寿，就连洋人也为他祝寿。初八，李鸿章假座天津英国工部局所在地戈登堂，搭台唱戏，以酬谢嘉宾。

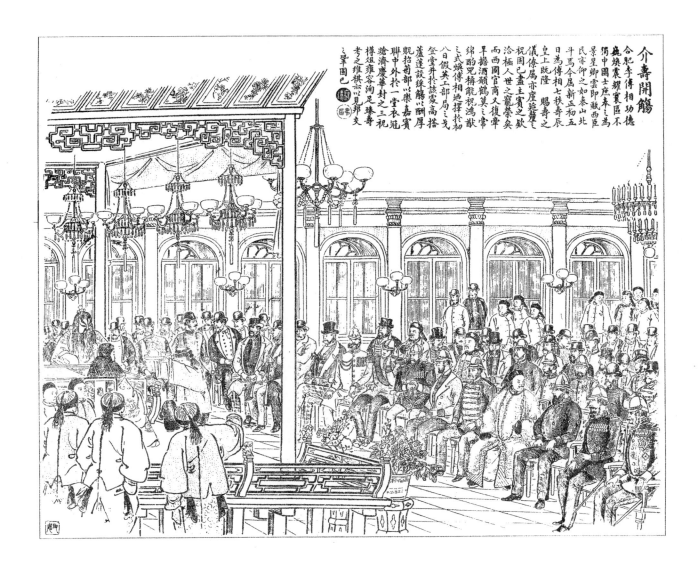

介壽開籩

合肥李傅相功德巍煥震耀寰區不獨中國士庶奉之為景星卿雲即顧西臣民亦仰之如泰山北斗焉今屆新正初五日為傅相七秩壽辰皇上既隆賜壽之儀傅局亦屢追縱之祝固已盡主賓之歡洽極人世之寵榮矣而西國官商久復率同酌觥稱觴祝鴻獻三式燃傅相遇擇於初八日假英工部局之戈登堂并於諸霞高搭蘆蓬設綵鶴以酬厚既招相部以樂嘉寶聯中外於一堂衣冠跨濟慶華封之三祝樽俎雜容洵足臻壽考之維棋然以見那交之肇固已

附图 10 《狐仙借尸》（见《吴友如画宝·山海志奇图》）

　　静海唐官屯朱生，娶同村刘氏女为妻，伉俪情深。去年，刘氏女身患重病，朱生想尽办法为她治疗，但终至不起。刘氏女弥留之际，朱生衷肠寸裂，泣不成声。刘氏女死后，狐仙借其尸而还魂，还与他生了一个孩子。

狐借屍

朱生静海唐官屯人娶
同村劉氏女优僵
甚相得去年劉氏女
沈病朱為之多方
療治卒至不起弥
留之際朱衰膓寸
裂至哽咽不能成聲
蓋朱之於劉綣綣
夫婦恩愛兩不離其
鐘於情者埶也無何
朱入市購飾終具家
人奔告曰娘子復活
矣於是踉蹌而騶見
女已亭亭起立自稱狐
仙借劉屍還魂者朱以
女先而復蘇致多違周
不戴自是飲食
步履輕健通於牟時
不識之物或信口而能
道其甚名朱積久生疑
餘一少女忽謂朱曰妾
至不載間鼎如是者年
雖狐然非素君者君何
畏之甚妾之所以來心與
君有風緣也強摟之人恃
遂相愛樂近己生一子
與異常人云

附图 *11*《拾金不昧》（见《吴友如画宝·古今谈丛图》）

　　周长力是津沽铁路车站的更夫，正派耿直。上个月，他在铁路站房栅门边拾到一只约五十两重的宝纹，自己认为半生贫贱，无福消受，就把它交给站长黎瑞初，让他贴出告示，寻找失主。栾（滦）州义顺号店主李春前来认领。此前，李春乘坐火车从天津回家，下车时走得匆匆，将宝纹遗失。他正懊悔，恰好见到告示，就返回领取，一看果然是自己的东西。他觉得周长力古道热肠，实属难得，就拿钱酬谢他，但周长力不接受。李春就请人做了一块匾，上面刻着"廉让公正"，送给周长力。

拾金不昧

周长立者津沽铁路车站更夫也性方鲠取与不苟上月役铁路站房栅门边拾得宝钞一只约重五十两自思半生贫贱骨谋无福消受且人之费此与否自有之数安用此偿来者为乃交与站长黎瑞初侠书贴吉白拾寻夫主即有栗州义顺号店主李春往领先是李役津门回乘坐火车以资便利及下车行路忽遗失宝钞致遗失心在怅悵见拾贴乃折回赴领果是己物乃酬以周古道安腾宝属难得酬以金不受固请固辞长立一更夫犹能见利思义不取遗金彼儼然有体面人而廉耻道丧者见之得无愧毁

正公讓廉

附图 *12* 《义贼逐奸》（见《吴友如画宝·古今谈丛图》）

　　天津沧州北乡一个富户人家的女儿，年届破瓜，美貌如花，嫁给了当地某翁的儿子。某翁属世族之家，他的儿子年仅十三，比妻子小五岁。因某翁老年得子，所以给儿子娶一个年龄大的妻子，可以好好地照顾他。新娘嫁妆丰厚，人又端庄美丽，见到的人没有不艳羡的。婚礼举行后，酒阑人散，某翁夫妇陪儿子入了洞房。新郎年龄太小，不懂得温存，上床就睡。新娘卸了妆，独自坐着。夜深人静，她正要入睡，突然有个恶少从床下蹿出，抱住新娘求欢。新娘大吃一惊，挣扎着说："哪里来的强徒，竟敢如此！"恶少用强，新娘要喊人，恶少拔刀制止说："你喊，就杀了你！"二人正相持间，忽然听到窗外有人大声喝道："大胆奸贼，我来教训你！"此人破窗而入，挥刀便砍。恶少惊慌，越墙而逃。家人听到响声，都披衣起床，秉烛持械，抓住后来进来的小偷。小偷说："我是贼，但是有人比贼更坏。我将他打跑，对你们不仅没有损害，而且有好处。因此你们应该谢我，而不应该恨我。你们如果不信，可以问问新娘，她知道我是个什么样的小偷。"于是家人询问新娘，新娘就把事情的经过都说了。家人都为小偷的仗义所感动，好好地酬谢了他。

義賊逐奸

天津滄州北鄉某富室之女年屆破瓜貌此花嬌
父難於同邑某之子年甫三歲於女者五歲蓋翁之子而
得兒於同邑某之婦詩為內助應屆于歸擇吉既己
富翁美又貌又極端妍見者無不艷羨合卺之後有知無
年太稚不解閨行乏林即睡夫婦六合其子道房無如子
婦卻方散妝安時作作客呼女大驚失色少佳
已弈方散妝安時作作客呼女大驚失色少佳
林下出挖女求救女大驚失色
用誘代誘親覺欲如其惡少
是少扶刀持刀便新惡乡携
日奸觀欲問谷來女客谷次乃殺
宮顫人揮刀便新惡乡携懼
乃逾垣而逃其時客人間
聲越垣起東獨持械接
偷兒詰之偷者我
也且人有更惡於賊者我
宜仇我如不信可問
新娘當知我之老賊
何妨容人乃詰新婦
婦備言其中宵感
其義而釋之

附图 13 《蟠桃会》（见《吴友如画宝·风俗志图说》）

　　小柏直口距天津城数里（城西有小稍直口），那里有座福寿宫（在城西六里），里面供奉着西王母像。俗传三月三日为王母生日，信徒们在这一天敛钱做佛会，美其名曰"蟠桃会"。据说参加此会可以祛病延年，长生不老。农村妇女尤为相信。今年开会，主持者踵事增华，请来演员唱戏。这天，天朗气清，惠风和畅，男男女女聚到此处，无不兴高采烈，洋洋得意。

蟠桃會
距天津城數里為小柏直口々有福壽宮中供西王母像焉俗傳三月三日為
王母誕日佞神之徒於是日歛錢作佛會美其名曰蟠桃會得與斯會者謂
可卻病延年長生不老以故鄉村婦女尤篤信之而紅綃麗質白袷名流亦
復偕伴嬉遊濤言溷止今屆開會之日首會者踵事增華招優演劇是日也天
朗氣清惠風和暢三河年少洛水名姝穿杏子之衫拂桃花之扇或馳駿馬
或駕輕車鞭揚綉陌之塵花踏春城之路看捎葉之啼鶯
逐沾泥之飛絮莫不采烈興高揚々得意而一心頂禮合十
明虔備清香淨燭以求無量福壽者咸惟恐不先爭
着我鞭相約到大羅天上以會羣仙焉
蟠桃會
福壽宮

下编 分析

1. 中法战争与天津

　　天津是在《点石斋画报》中亮相较早的重要城市。《点石斋画报》创刊于 1884 年 5 月 8 日,描绘的第一件重大时事就是中法战争,而天津恰与中法战争进程密切相关。《中法会议简明条款》(又称《天津专约》《李福协定》)和《中法越南条约》(又称《中法会订越南条约》《中法和约》《中法新约》《李巴条约》)就是经过在天津谈判而签订的。

　　1880 年,茹费理出任法国内阁总理,竭力推行殖民扩张政策,悍然增兵越南。1882 年,法军大举进攻北圻,4 月攻克河内,7 月占领首都顺化,迫使越南政府签定《顺化条约》,取得了对越南的"保护权";同时依据条约的规定,向中国政府施压,要求清廷承认法国对越南的殖民统治,并且将应越南政府要求而进驻山西、北宁、兴化等地的清军全部撤走。面对法国侵略者的挑衅与邻邦的求援,清政府内部展开了激烈的争议,李鸿章主张妥协求和,而左宗棠、曾纪泽等人则主张抵抗。清廷权衡再三,最后还是采取了援越抗法的方针。

　　1883 年 12 月,中法战争正式爆发,清军连战皆败,法军实现了控制红河三角洲的战略目的。消息传到国内,朝野震惊,一大批前线将领受到严惩,慈禧太后还借机改组了军机处,撤换了全部的军机大臣。清军在前线不敢争胜,朝廷在后方不耻求和,抵抗受挫的结局,无形中促使妥协的空气浓厚起来。

　　1884 年 4 月,前天津海关税务司、德国人德璀琳在前往广州途中,在香港会晤了新任法国中国分舰队司令利士比海军少将和旗舰"窝尔达"号巡洋舰舰长福禄诺海军中校。福禄诺被中国海关总税务司、英国人赫德称为"聪明、诡谲、富有野心的'玩火者'式的人物",1879 年即率舰来华,居天津多年,与李鸿章熟识,还帮他斟酌过水师章程。经过德璀琳的斡旋,决定由福禄诺代表法国方面前往天津谈判。1884 年 5 月 6 日,李鸿章与福禄诺在天津谈判。福禄诺虽然是个低级别官员,但李鸿章同他还是谈得比较融洽。11 日,双方签订了《中法会议简明条款》,清政府同意北圻归法国人保护；对法越间所有已定及未定各条约一概不加过问，并将在北越的驻军"即行调回边界"；法国不向中国索取赔款。战争因此暂时停止。

《点石斋画报》发表于 1884 年 5 月上旬的《越事行成》一图，反映的就是《中法会议简明条款》签订的情况。文字作者希望双方"言归于好，化干戈为玉帛，借樽俎以折冲"，认为这是"国之福也，民之幸也"，但实际上《中法会议简明条款》是清政府签订的丧权辱国的条约，绝非"国之福也，民之幸也"。在条约的具体条款前，有"切愿两国彼此相安，永敦和好"的字样。条约签订的次日，茹费理致电福禄诺，贺其成功之速，并嘱对李鸿章表示欣慰。李鸿章复电谢之，说："久仰贵大臣办事明决，见识远大，从此惟望两国和好永敦，猜嫌尽释，彼此为难之隐衷，两地心照，切盼。"可见《越事行成》一图的文字作者与以李鸿章为代表的主和派是同一个声音。

6 月 23 日，法军在谅山北黎附近的观音桥交涉中国退兵时，与中国军队发生冲突。法军不支，被迫溃退。法国先是向清政府提出赔偿，继而进攻台湾、福建，扩大事端，迫使清廷就范。

前方战事趋紧，负责与李鸿章打交道的法国驻天津领事馆官员也很紧张，领事林椿在其 1884 年 8 月 20 日的日记中写道："代办谢满禄先生来电告之：法国政府的决定为'如 48 小时内中国政府不同意支付所要求的赔款，公使馆将撤离北京。'同时告知，如我感觉继续滞留在津有危险，可以随时撤离……收到电报后翌日，我会晤了李鸿章，传达了法国政府的决定。我想中国政府肯定会拒绝我们的要求。我了解其在欧洲的代表们鼓励其政府抗法。发来的电报皆声称：'法国不愿和中国作战。另一方面，在北京的美国公使与其秘书仍继续在担任总理衙门的参议。'……我将不以利用准我撤离天津的许可。我对总督（指李鸿章）阐明了此意，说我愿继续留此，或许会有好处。李似对此表示高兴。我深信他会尽其可能地保障我的安全。但假如战火向北方蔓延，那么继续居留于一座居民极易激动的城市中，是不妥当的。我愿公使大人会对此有所指示。我已采取措施，使传教士与修女们不受惊扰……"

8 月 23 日下午，事先驶进福州马尾军港的法国远东舰队主力突袭泊于港内的中国福建海军。福建海军仓促应战，在半个多小时的战斗中，11 艘舰艇全部被击沉。福建海军马江惨败，中国朝野震惊。在主战舆论的压力下，清政府被迫于 8 月 26 日正式对法宣战。10 月初，法国远东舰队主力扑向台湾基隆、沪尾，守将刘铭传撤出基隆之兵，使法军轻易占领基隆；但进犯沪尾的法军受挫，败回海上。此后台湾战事呈胶着状态，法国的战略企图未能全部实现。1885年2月底3月初，法舰侵入镇海，浙江提督欧阳利见督率守军利用预设海防工事顽强抗击，击退入侵之敌，取得镇海之战的胜利。3月23日、24日，清军在老将冯子材的正确指挥下，依托镇南关内关前隘附近有利地形和野战防御工事，取得震惊中外的镇南关大捷，扭转了战局。清军乘胜克复谅山，并向南挺进，前锋进逼郎甲一带。

中国军队取得了数次作战的胜利，特别是镇南关大捷，沉重打击了法国侵略者的嚣张气焰，发动此次战争的茹费理内阁被迫于3月31日辞职。然而清政府未能充分利用有利条件，发展大好形势，反而强令前敌将领限期停战撤兵。李鸿章作为全权大臣，与专程来津的刑部尚书锡珍、鸿胪卿邓承修会商，与法国代表议和。6月9日，李鸿章与法国公使巴德诺（脱）于天津签订了《中法越南条约》，清政府承认越南是法国的保护国；在中国边界指定两处通商，法国商人可在此居住；降低中国云南、广西同越南边界的进出口税率；日后若中国拟建造铁路时，应向法国商办；法国撤退基隆和澎湖的驻军。

《点石斋画报》发表于1885年中历五月中旬的《和议画押》一图，反映的就是《中法越南条约》签订的情况。文字作者认为："从此珠盘玉敦，修好偕来；航海梯山，输忱恐后。宜乎沪上军民闻此佳音，莫不欢欣鼓舞，谓能靖干戈以玉帛也，休哉。"但实际上《中法越南条约》仍然是清政府签订的丧权辱国的条约，它标志着中法战争以"法国不胜而胜，中国不败而败"的局面告终，因此中国军民不可能"欢欣鼓舞"。

参见解图1《越事行成》、10《和议画押》

2. 朝鲜甲申事变与天津

《点石斋画报》中有一幅《电报飞传求保卫　星轺移指壮声威》图，发表于光绪十一年（1885，乙酉）正月，是系列图画《朝鲜乱略》中的一幅，描绘的是 1884 年甲申事变后，朝鲜特使航海至天津求见李鸿章，请求清朝政府予以保护的情景。

明治维新后，日本开始加紧发展在朝鲜的势力，分离朝鲜与中国的历史关系。1884 年（中历甲申年），趁中国忙于中法战争之际，日本驻朝公使竹添策动亲日的开化党人发动政变，12 月 4 日攻入王宫，挟持国王，组成了一个由开化党担任要职的亲日政权。12 月 6 日，驻朝清军营务处袁世凯应朝鲜王室之请，率兵攻入王宫，竹添不敌，自焚使馆，连夜潜逃。朝鲜亲日派首领金玉均也随同流亡，最后去了日本。这次阴谋推翻王室的未遂行动史称"甲申事变"。

当时日本不少人主张迅速发动对华战争，但以伊藤博文为首的一派人，考虑到日本国力特别是军事力量不足，主张积蓄力量，再图大举。1885 年春，日本派伊藤博文为全权大使，到中国谈判朝鲜问题。清政府代表李鸿章采取希图苟安的妥协方针，4 月 18 日在天津与伊藤博文签定《会议专条》（又称《天津条约》或《朝鲜撤兵条约》）。条约内容为：中日同时从朝鲜撤兵；将来朝鲜若有重大事件，中、日两国或一国要派兵，应先互行文知照。这样，日本获得了随时可以向朝鲜派兵的特权。

因此，清政府应对朝鲜甲申事变的外交工作，主要是李鸿章出面在天津进行的。

参见解图 7《电报飞传求保卫　星轺移指壮声威》

3. 中日甲午战争与天津

　　1894 年中日甲午战争与天津有关的图画，《点石斋画报》里有两幅：一幅是间接反映这场战争的《西员受贺》，反映德国人汉纳根因在中日甲午战争中指挥中国将士有功，天津绅商到他的公馆感谢他对中国的帮助；而另一幅《形同海盗》则直接描写了战争的一个重要场面——"高升"号被击沉。

　　《形同海盗》一图是这样描写的：李鸿章雇英商怡和洋行的"高升"号轮船，运载兵士一千多人。当时中日尚未开战，日军悍然不顾万国公法，当高升轮驶近高丽海面时，他们喝令停船，并派兵上船查问，要强将船主带到日船。中国将士誓死不降。船主不得已，对日兵说："我船从大沽出海，途中尚未开战。现在既然不允许前行，那我们就折回大沽好了。"日兵回到日船，就施放鱼雷，并放炮轰击"高升"号被打得粉碎，沉入海底。中国士兵在水里沉浮，日军开炮逐一射击。最终中国士兵一千多人遇难，获救生还者仅有二百余人。

　　"高升"号被击沉事件发生在 1894 年 7 月 25 日。据史料记载，在日舰"浪速"号炮击过程中，面对船毁人亡的险局，中国官兵表现出视死如归的大无畏气概，他们自始至终用步枪"勇敢地还击"，没有人示弱，也没有人乞降。

　　"高升"号是天津英商轮船，也是从天津出发并且要返回天津的。在甲午战争中覆没的北洋海军，也是李鸿章在天津一手经营的。甲午海战中牺牲的中国将士，很多都是天津水师学堂的毕业生。从大沽炮台、大沽船坞、北洋水师学堂到大东沟海战，天津和北洋水师有着极为紧密的联系。

　　清政府于 1875 年命由沈葆桢和李鸿章分任南北洋大臣，从速建设南北洋水师，并决定每年拨 400 万两白银作为海军军费。清政府考虑到中国当时的主要假想敌是日本，先创设北洋一军，等北洋水师实力雄厚后，"以一化三，变为三洋水师"，于是决定优先建设北洋水师。从 1875 年至 1879 年，李鸿章委托总税务司赫德从英国定购了一批军舰。其后由于发现赫德所定购的军舰质量低劣，李鸿章又转向德国订造军舰。1879 年日本吞并琉球后，清政府鉴于形势紧迫急令李鸿章从速购买铁甲舰，李鸿章派江南制造局徐建寅（科学家徐寿之子）和驻德国公使李凤苞在欧洲各国访问，最后选定在德国订造两艘铁甲舰和一艘铁甲巡洋舰。1879 年至 1881 年，在英国订造的军舰先后到位，北洋海军初具规模，李鸿章于是奏请以提督丁汝昌统领北洋水师。

1885 年中法战争结束，中国不败而败，法国不胜而胜，福建水师在这次战争中全军覆没。清政府正式设立海军衙门，任命醇亲王奕譞总理海军事务，李鸿章等协办。

天津是北京的海上门户，所以总理水师营务处、海防支应局、军械局、水师学堂、储药局施医总医院、大沽船坞等都设在天津；"定远""镇远""致远""济远""靖远""经远""来远"等主力舰只购回，也都要先在大沽口外检阅。特别是天津水师学堂，规模"宽宏齐整"，"楼台掩映，花木参差"，设有驾驶、管轮两个专业，培养出大批海军人才，起了"开北方风气之先，立中国兵船之本的作用"。营务处是北洋海军的办公地点，"衙署宏深，堂庑轩敞"。为接待国外海军将官"过津憩息"，另建有"迎宾馆"两幢，"楼阁峥嵘，美轮美奂，殊耀外观……屋中一切器具，华丽整洁，皆选购西国精良之品"。天津遂成为清王朝的海防中心。兵部侍郎黄体芳认为"是水师者非中国沿海之水师，乃直隶天津之水师；非海军衙门之水师，乃李鸿章之水师也"。

1886 年总理海军事务的醇亲王奕譞巡阅北洋海军，来去都是先到天津，然后由紫竹林新关码头乘船出入大沽口，赴旅顺、烟台，看海军阅操表演。奕譞在津期间，接待礼仪极为隆重，各级文武官吏分班晋见，护卫亲军跪迎跪送。奕譞出发前，先视察了刚刚成立的武备学堂，"赴印书房看机器，并问学生测绘功课，阅学生毛瑟枪步队操法"。旋登"快马"轮船至大沽，由德国人来兴克照相；在大沽口外检阅了海军各舰艇；然后赴旅顺、烟台。回到天津后，又视察了天津机器局总局（东局）、水师学堂，"并命题考试学生"。还视察了海光寺局（西局），参观了枪弹、炮弹和西洋乐器的制造过程。李鸿章特命盛宣怀为奕譞准备了磨电灯和新式织布机表演。在视察了西沽武库之后，奕譞一行返回北京。

1887 年，中国所有在外定购的军舰已全部到位，加上原有的自造舰只，北洋水师的舰艇总数达到五十余艘，计五万余吨。1888 年，北洋水师正式成立。

北洋水师的主力舰艇中，都有天津水师学堂的学生任职，如"济远"舰鱼雷大副穆晋书（天津人，又在天津水师学堂毕业）、鱼雷二副杨建洛、驾驶二副黄祖莲、学生黄承勋，"经远"舰驾驶二副陈京莹、枪炮二副韩锦、三管轮王举贤，"来远"舰鱼雷大副徐希颜、船械三副蔡灏元，等等。在邓世昌统率的"致远"舰上，天津水师学堂的学生就更多了，如帮带大副陈金揆、鱼雷大副薛振声、鱼雷二副黄乃谟、鱼雷三副杨澄海、船械三副谭英杰，他们都在海战中牺牲。而毕业于天津水师学堂的"致远"船械三副郑纶于海战后获救，在清末重建海军时任"江利"舰管带，民国时历任海军军衡长、南京海军军官学校校长、南京雷电枪炮学校校长等职，成为中国近代海军史上一位重要人物。"靖远"舰驾驶二副祁凤仪、枪炮二副洪桐书、船械三副温朝仪、船械三副郑祖彝这些天津水师学堂的毕业生，在海战中也是英勇拼杀。清末重建海军时郑祖彝任舰队一等参谋官，民国时曾任烟台海军学校校长，为后来的中国海军培养了大批人才。

在 1894 年中日甲午战争中，天津是中国陆海军指挥中心和后勤兵站基地，地位十分重要。天津虽然没有成为战场，但"畿辅海面，北起榆关（山海关），南抵山东，边境袤延几及千里，而以天津为中权股肱之郡"。李鸿章始终坐镇天津和芦台指挥一切。像"东征主客各军刍粟之飞挽，军火子药之传输，将士之番休，以及朝命之下宣，南北管毂，皆以天津为命脉"。也可以说战争时期的"根本重地，无逾天津"。因海陆军前线失利，清廷派军机大臣翁同龢来天津传旨责勉李鸿章。不久，李鸿章又以"未能迅赴戎机，日久无功"，被褫去黄马褂，拔掉三眼花翎，而以云贵总督王文韶为帮办北洋事务大臣。在不得已的情况下，清廷根据李鸿章的建议，先后派津海关税务司德璀琳、户部侍郎张荫桓赴日谈判，均被日本拒绝；最后只得由 73 岁的李鸿章亲自出马，翌年他率随员乘船离津赴日，签订了《马关条约》。

参见解图 85《形同海盗》、88《西员受贺》

4. 法兵肇事与天津的"会讯公所"

《点石斋画报》中有一幅《法兵肇事》图，发表于1885年，其文字大意为：天津大沽口外，停泊着法国兵舰。舰上的水手每天下午都要登岸饮酒，而且每饮必醉，醉了就横行无忌。百姓畏之如虎。近来法兵又以骑马为乐，行人躲避不及，往往被撞倒。上个月十二日，又有水手纵马奔跑，在大英医院门前撞倒了一个姓高的老头。马蹄恰好踏在他的脸上，口鼻遂成血饼，没过一会儿人就死了。天津县令照会法国领事及会审西员，要求他们处理此事，但西方法律没有死刑，那么老人的冤屈就无法伸雪了。

根据史料分析，图中的"大英医院"很可能是"伦敦会医院"。1861年，英法联军在天津大沽口登陆后，英国军队在港口附近设了一个随军医疗所。后来医疗所随军进驻天津市区，在法租界紫竹林一带盖了一所平房作为门诊部。1868年，英国军队将医院的主管权转交给英国基督教伦敦会，同年12月这所医院改称"基督教伦敦会医院"。李鸿章认为英国传教士马根济大夫医术高明，就筹款支持他建立一座规模完整的西医医院。1880年，新建医院正式落成，命名为"伦敦会医院"，即后来的马大夫纪念医院。这是中国近代第一座规模完整的私立西医医院。这座医院的位置在今天的大沽北路与赤峰道交口，即天津市口腔医院，当时属法租界，离海河码头较近。也就是说，法兵肇事的地点很可能就在法租界"大英医院"门前。

《法兵肇事》图题款中的"天津县陈邑尊照会法国领事及会审西员办理"，对研究天津租界是否存在过"会讯公所"，具有一定的参考价值。

天津租界是否存在过"会讯公所"，这个问题是天津社会科学院历史研究所研究员、天津史专家罗澍伟先生提出来的。他的文章《天津紫竹林庙内的"会讯公所"》发表于2002年第3期《天津档案》上。

根据鸦片战争后订立的不平等条约，各国在中国均享有"领事裁判权"。这就是说，租界司法制度的基准，首先是根据不平等条约中的"领事裁判权"来确立的。与中国订约、享有"领事裁判权"的外国被告人，即所谓"有约国"的被告人，均由该国的"领事法庭"（即各国在华设立的领事馆临时改变为法院，由领事任主审官）或其他法庭来受理，并按照该国的法律进行判决，而不进入中国的法庭，不受中国的法律制裁。只有租界里的中国人，和那些未与中国订约、不享有"领事裁判权"的外国人，即所谓"无约国"的外国人作为被告，或无国籍的外国人作为被告，才可以由中国的法庭来受理，并按照中国的法律进行判决。

就天津的各国租界而言，不但设有本国的"领事法庭"，而且在天津没有租界的各国，也都在英租界或法租界设有"领事法庭"，驻津的领事官就是庭长或审判长，另外还有政府任命的或由纳税人选举的会审员。

小刀会起义失败后，英国驻沪领事巴夏礼于1864年策划了一个由中国官员和英、美领事共同组成的"洋泾浜北道理事衙门"，华人案件由中国官员单独审理；洋人为原告、华人为被告的由中国官员主审，外国领事派一人陪审（但如果出现了"华原洋被"的案件，中国官员却无"会审"之权）；"无约国"人为被告的，外国领事派二人陪审。但上诉案件须由上海道审理；涉及洋人利益的，由领事参加陪审；中国主审官与外国陪审官意见分歧，由上海道会同外国领事最后裁决。在此基础上，中外双方在1869年订立了《洋泾浜设官会审章程》。从此，租界里又多出了一种特殊的司法制度，致使中国政府在租界里独立的司法权严重丧失。

1868年英、美驻华公使与清政府总理衙门分别核准了上海《洋泾浜设官会审章程》，翌年4月生效。总理衙门还咨行有关各省，认为会审制度可以在各地租界中推广，要求凡设有租界的各地官府，应以上海的"会审章程"为基础，稍加修改，租界内设立"会审公廨"。罗澍伟先生认为，天津法租界紫竹林庙内的"会讯公所"当即设于此时。

但是，罗澍伟先生又提出："这种'会审公廨'，在天津租界中是不是存在过？这一直是个说不清的问题。"

天津的"会讯公所"，仅见于《天津事迹纪实闻见录》（不著撰人，最初约写于1870年，约成书于1878、1879年间）所载："会讯公所，紫竹林庙内。"此前、此后则不见于公、私记载。

因此，罗澍伟先生指出，这给我们带来许多值得发掘和研究的问题。

第一，设于紫竹林庙内的"会讯公所"建立于何时？是否系根据总理衙门的咨文，设于 1869 年 4 月以后？

第二，该"会讯公所"的组成和建制怎样？

第三，该"会讯公所"消亡于何时？是否与中日甲午战争后英、法租界的扩张，以及德、日租界的设立有关？抑或与义和团运动有关？据一条记载说，1904 年驻津领事团正式向清政府提出建立"会审公廨"的要求，而且妄图将"会审"范围推广到租界以外的整个天津县范围之内，使"会审公廨"有权审理居住或进入天津县的华人被告、涉及洋人利益的所有案件，但清政府最终未敢同意。

罗澍伟先生认为："现在，我们只能根据上海《洋泾浜设官会审章程》中关于'会审公廨'的规定，大致推断一下设于天津紫竹林庙内'会讯公所'的一般状况……"

一、"会讯公所"为中国的地方司法机关，主审官员由中国人担任，经费由中国地方政府负担，所有中外雇员由主审官自行招募。

二、管辖范围仅限于天津租界地区，凡属华人之间的案件，外方不得参与；只有涉及有约国、无约国或为外国人服务的华人案件时，外方才能参与会审、陪审或听讼。

三、审判权仅限于"发落枷杖以下罪名"的一般案件，罪至军、流、徒以上的案件或命案，仍需移交天津县、天津府或天津道发落。

四、中国人犯逃入租界，"会讯公所"可直接派人提传，但拘捕为洋人雇用的华人，须将案情移知该国领事，由该领事将应讯之人交案。

五、不服"会讯公所"判决的，可向天津府或领事官上诉。

在《天津紫竹林庙内的"会讯公所"》一文的最后，罗澍伟先生指出："关于紫竹林庙内的'会讯公所'问题，是天津地方史、天津司法史、天津租界史研究的一个前沿性课题，我们亟盼能在历史资料、特别是档案资料中获得突破性进展。"

《点石斋画报》对"法兵肇事"一案的报道，特别是该图题款中的"天津县陈邑尊照会法国领事及会审西员办理"，说明当时天津租界不仅确实存在过"会讯公所"，《天津事迹纪实闻见录》的记载是正确的，而且"会讯公所"确实审理过相关案件。

以往，中国租界史研究者普遍认为，天津租界没有设立过"会审公廨"。如费成康认为："……天津租界内终于没有出现此种中外混合法庭。这样，继上海租界之后，建有会审公廨的只有鼓浪屿公共地界及汉口租界。"（《中国租界史》，上海社会科学院出版社1991年10月版）再如林曼馥认为："会审公堂……全国只有上海和鼓浪屿两地有此机构，所不同的是上海叫'会审公廨'，而鼓浪屿叫'会审公堂'。"（《会审公堂与华人议事会》，收于《列强在中国的租界》，中国文史出版社1992年4月版）天津租界"会讯公所"的发现，有益于丰富和深化中国租界史特别是租界司法史的内容。

参见解图17《法兵肇事》

5. 演放气球与天津武备学堂

《点石斋画报》中有一幅《演放气球》图，题款大意为：气球发明于西方，中国人很难见到。（1887年）八月，天津武备学堂制成气球，随即举行试放仪式。气球下挂着篮筐，可以载人。演放时，各路官兵都来观看。丁禹廷（汝昌）军门、刘子芗镇军等一些重要将领相继亲自随球升空，距离地面数十丈，高升远眺，然后随鸣号落下，过了一把上天瘾。

据史料记载，天津武备学堂确是中国第一枚氢气球的诞生地。中法战争结束后，数学家华蘅芳来到天津武备学堂任教。时值学堂里的一名德国教习买到了一枚中法战争期间法军用于军事瞭望的废氢气球，自视为珍奇。学堂的主管人希望这名德国教习能把氢气球的制造和使用方法介绍给武备学堂的学员，而这名德国教习却推三阻四。1887年，华蘅芳了解到这一情况后，带领工匠自制了一枚直径五尺的小气球，然后用镪水制成氢气灌到球中，当场演放升空。最后那名德国教习为了保住饭碗，不得不老老实实地向学员们讲授这门技术。华蘅芳在天津武备学堂试制成功的氢气球是中国人自己制成的第一枚氢气球，在中国近代科技史上占有重要的地位。也有学者认为这次演放气球的成功，是中国航空史的开端。

演放气球的天津武备学堂，是中国近代第一所培养陆军军官的院校。

为使中国军队的官兵掌握近代军事技术，培养新式陆军人才，内修武备，外御强敌，李鸿章决定创办天津武备学堂。当时，德国的陆军被认为处在世界领先地位，所以武备学堂聘用的教练多为德国人。李鸿章还为天津武备学堂礼聘当时中国的贤硕充任教习，如算学总教习卢木斋笃好算学，著有《火器真诀释例》一书。武备学堂很重视数学，网罗了不少数学家，华蘅芳就是其中的佼佼者。

1885年经李鸿章奏请，天津武备学堂开学，堂址初设于水师公所，后建新堂址于河东旧柳墅行宫。由淮军各营挑选"精健聪颖、略通文义弁兵，入堂学习"，两年一届，"回营后转相传授，仍令选新生入堂"。设置的课程有"天文、地舆、格致、测绘、算、化诸学，炮台、营垒新法"，同时"操习马队、步队、炮队，及行军布阵、分合攻守诸式"。傅云龙《游历日本余纪》记载："（光绪十三年九月）三日东渡，游（天津）武备学堂。其学始于光绪十一年，成于光绪十二年，房三百间。堂分上、中、左、右、幼，凡五。学生之拣自营者百六十人，入幼堂者自选六十。德国教习六（又印书工一）。"

天津武备学堂培养出的大批军官，后来都成为北洋新军的骨干，著名的如冯国璋、段祺瑞、王士珍、段芝贵、李纯、王占元、陈光远、鲍贵卿、张怀芝等，他们在民国初年北洋军阀统治中国期间，大都是风云一时的人物。

《点石斋画报》中还有一幅《隔山飞雷》图，题款大意为：去年（1886）冬天，天津河水结冰坚实，当局邀请洋人共同操练炮队。把装上滚轴的船放在冰上，好像是可进可退的敌船，作为活动靶。采用隔坡埋雷的方法，发射炮弹击中地雷，加以引爆，如果敌人正好在上面，将会全军覆没。隔山埋雷是一种创举，威力巨大，足以摧坚破敌。文字作者认为中国军队操演要"悉崇西法，师所长以救所短"，当务之急是"陆兵演阵，水师操轮"。从时间、地点、方式、目的及文字作者的评论看，天津武备学堂有可能参与了这次演习。

参见解图 23《隔山飞雷》、43《演放气球》

6. 历尽坎坷修铁路

天津是近代洋务运动的中心城市,开放程度很高,许多领域领中国风气之先。在实业方面,中国政府正式批准"试办"的第一条铁路"津沽铁路"就诞生于此。

《点石斋画报》特别关注"制度之新奇与器械之精利者",以此作为"新知"向世人传播。铁路在当时是新鲜事物,自然成为画家们乐意描绘的题材。光绪十年(1884)七月上旬,该画报发表了一幅《兴办铁路》图,题款简要介绍了天津兴修铁路的背景及火车样式:"同治季年,火车已肇行于沪埠。由上海达吴淞三十余里,往返不逾二刻。惜为当道所格议,偿造作之赀,遽毁成功。兹于五月下旬天津来信云,创办铁路一节,朝廷业已允准,由大沽至天津先行试办。嗣于六月二十三日悉,朝廷又颁谕旨,饬令直督李相速即筹款兴办天津通州铁路。其火车式样,前一乘为机器车,由是而下,或乘人,或装货,极之一二十乘,均可拖带。将来逐渐推广,各省通行,一如电线之四通八达,上与下利赖无穷。"

铁路于交通的方便,今人早有所识;而当年铺设铁路却历尽了坎坷。先于天津,上海早在1876年就出现了铁路。当时英国商人背着清政府,出资在吴淞至苏州河边的天后宫桥之间偷偷修筑了一条长14千米的淞沪铁路。这条铁路的建成令喜爱新鲜的上海人十分好奇,"游铁路"成为上海市民新的旅游项目。尽管票价昂贵——中等坐票相当于两斗半米的价格,但仍热闹非凡。然而它寿命不长,因为迷信风水的人说它破坏了风水;朝廷认为,洋人擅自修筑铁路,侵犯中国主权;火车在行驶中又不慎轧死了人,事情就更加复杂。清政府下令收购,于1877年10月拆毁,这条铁路竟以悲剧告终。直到1898年,上海铁路才重新修建起来。

《点石斋画报》推出《兴办铁路》图,配合了《申报》对兴修铁路的一贯提倡和支持。当年清政府拆毁淞沪铁路,《申报》就发表《论铁路有益于中国》一文以示异议。19世纪70年代末80年代初,李鸿章兴修唐山至胥各庄的铁路,《申报》连续发表数篇文章,对此大加赞许。如发表于1881

年 12 月 12 日的《论电线宜得相符之道》一文说:"前得津沽传闻,言铁路将有开办之信,先自大沽至天津,直达开平煤矿,再拟由津至镇江为一线路,不禁为之色喜⋯⋯由津达京口为一总路,则自南之北,实为便捷,将来必更旁通曲畅,四周八达,处处通行,更为中国成一大快人心之举!"1883 年 11 月 2 日《申报》发表评论《铁路不可不亟开说》,申明了《申报》作为中国重要的舆论媒体对兴建铁路的支持:"中国之宜开铁路,本馆屡论及之,几于笔干楮尽。"到了 1884 年夏天,清廷终于同意修建铁路,只是上谕尚未公布,半真半假的消息纷纷传来,《申报》于是连续发表消息和评论,如《论中国富强之策轮船不如铁路》《准开铁路》《书德税务司璀琳请开铁路条陈后》《铁路继电线而成说》《论中国铁路事宜》《津信译登》《铁路利益》《铁路纪闻》等,大造舆论。《兴办铁路》图是在修建铁路大势已定,不必再担忧"未知确否"的情况下适时推出的。

李鸿章是兴建铁路的积极倡导者。面对巨额外债和军费匮乏,他提出:"开源之道,当效西法采煤铁、造铁路、兴商政。矿藏固为美富,铁路实有远利。"他一面批驳顽固守旧势力的谬论,争取清廷支持;一面在自己的辖区里我行我素,造成既成事实,先斩后奏。在他的支持下,方便运煤的唐山至胥各庄的铁路于 1881 年建成,他这才正式奏报朝廷,并故意把铁路说成"马路"。1886 年清政府将铁路事宜划归以奕譞为首、李鸿章掌握实权的海军衙门办理。津沽铁路是李鸿章授意开平铁路公司(后改名为中国铁路公司)修建的。公司下设六个处,其中塘沽材料处(在后来的塘沽南站旁)设有专与洋人打交道的"洋文案",配有华员和洋员司事若干。1888 年 10 月津沽铁路告成,李鸿章主持通车仪式并巡视至唐山。值得一提的是,应聘于中国铁路公司的中国工程师詹天佑,仅用 80 天时间就指挥完成了塘沽至天津的铺轨任务,而李鸿章却把功劳记在了洋工程师金达身上。

津沽铁路建成的同时,在天津旺道庄(原名"瓦刀庄",在后来河东区石墙大街与旺道庄大街丁字口处)建成了第一座火车站,包括站线两股、土月台一处、简陋工事房数间。1892 年 4 月,该站西移 500 米,在季家楼、火神庙两村附近建成了更具规模的车站,也就是老龙头火车站。1895 年,从古冶到山海关的线路完工,天津至山海关通车,称为津榆铁路。这样,由李鸿章主持修筑的铁路,实际上形成了以天津为中心的中国第一个铁路网。

《兴办铁路》图所绘火车样式比较原始,共有六节,第一节为机器车,第二节为燃料车,司机司炉露天操作;后面四节为乘客车,车厢侧面有栏杆,便于乘客观赏车外景色。沿铁道设有电线杆,路旁有人维护路基。天津近代有一幅《铁道火轮车》年画，不仅火车样式与《兴办铁路》图上的完全一样，而且两者构图也极为相似。分析起来，《兴办铁路》图时效性强，《铁道火轮车》年画观赏性强；《兴办铁路》图为较快捷的石印，《铁道火轮车》年画为较烦琐的木刻，因此《兴办铁路》图的出版应早于《铁道火轮车》年画。

参见解图 4《兴办铁路》

7. 火车开通事故多

1888年津沽铁路通车后，由于不擅管理等方面的原因，铁路事故频仍，十分惨烈。

1889年，中历二月二十四日晚间，天津至塘沽的铁路上就发生了一起两列火车对开相撞、油火猛燃、车毁人亡的特大灾祸。

那时由天津至塘沽的铁路为单轨。军粮城正好居于津塘之间的中腰点上，故在此设一要站。津塘两地相向开来的火车，必须在此停轮、错车，然后各自才能继续前行。当日津塘之间行车的规定是：下午4点35分，天津的火车开始驶向塘沽；而下午4点40分，塘沽的火车始发天津。两车均应在5点28分时于军粮城站照面，通过错车再各奔前程。

是日，天津车按时载客驶向塘沽，至5点5分即到达军粮城站，按照规定停轮等待对面塘沽来的车。但对面车久无踪影，一直到日落西山，天已入夜，仍音信杳然。天津车上的西人司机急躁起来，不听劝阻，贸然于黑暗中启动列车，径向塘沽方向开去。

车至新河一带，已是8点半，由塘沽开来的火车突然出现，且行甚速。那时按照章法，车上以日间举旗、夜晚张灯为号。如见白旗白灯，尽可畅行；如见红旗红灯，则必须紧急刹车。可是在这天晚上，虽然塘沽来的车很快采取了紧急措施，将车速减慢，甚至可以随时停车，天津来的车却仍然直奔而来。眼见大祸临头，塘沽车上的司机、司炉等人顾不了许多，仓皇跳车逃命。

天崩地裂的一声巨响，传出十几里外，两个火车头撞到一起，当即铁木纷飞，机车全毁。所幸的是，塘沽来的车前面是二十多节煤和砂石，殿后的只有一节客车，因此，虽然众车厢倾翻出轨叠成一堆，煤石崩飞漫天匝地，但最后面的客车却损失较轻，乘客尚都能在惊慌中保持清醒，各自寻到了脱逃的生路，没有出现伤亡。天津来的车则极为不幸，由于行驶鲁莽，无应急准备，一经两车相撞，石破天惊。车头内顿时气管炸裂，机器击为碎铁，西人司机重伤倒地，有的工人当即死亡。更惨的是，车头后紧紧连接的客车在倾覆中乘客乱作一团，车厢内悬挂的煤油灯被击落，立时引起大火，烈焰四射，很快使整个车厢燃成一个大火团。附近乡人见之，飞奔赶来抢救，无奈车门闭锁，众乘客囚困在车内被烈焰吞噬，皆作绝望挣扎，左突右撞，难以逃出。乡人们见此，不顾一切，用石块、木棒将车窗击碎，冒着生命危险，从烈焰中救出几名乘客。而就在这时，被大火烧得再也无法支撑住的车厢顶棚突然塌下，狠狠地将未及逃出者全都压在下面烧死。

《申报》有员在津，事后对天津火车相撞事故做了详细调查，有如下报道：天津开往塘沽的火车编号"11"。车上一西人司机，人皆呼之"大鼻子"而不知姓名。司火者为华人，人均呼之"阿尚"。这日，天津车开至军粮城后，照章停轮，等候塘沽来车。因时间较长，西人司机酒瘾发作，独自痛饮，遂入醉态。塘沽车久待不到，又无电讯传递消息，这西人司机便大发脾气，带着满身酒气登上机车将车启动，也无人阻拦他。当天津车开到新河地界，远远望见塘沽驶来的车影时，那阿尚曾急速通知西人司机，司机却不理。阿尚知事已急，抢上前去欲关闭火门，却被西人司机一记重掌击倒。至此，阿尚已知无能为力，只好跳车求生，尽管被路畔碎石划破上下嘴唇，但终归得到一条性命。两车相撞时，酒鬼司机被一截玻璃管插进后腰，造成重伤，后来经医院抢救无效而死亡。再说塘沽来的车，两车相撞时，车上中西司事一概脱逃，只有司火的中国人马六，坚守岗位，没能逃脱，半个脑袋被崩飞的钢片削掉，当即毙命。可惜他新婚只有三天。另有报道说，当时火车内还没有电灯，照明用的油灯一向使用鱼油，以防发生火灾。不料出事那日，车内的鱼油用尽，只好改用火油，以致灯坠油泻，遂肇火厄，二十多名乘客被焚身亡。

惨案发生后，铁路方面也追究了塘沽来车未能按时到达军粮城之事。原来塘沽车的司机趁停车装载煤石的空隙，擅自离岗，持枪到野外打鸟，不慎把手指弄伤，去医院医治。车站找他不见，只好再等唐山来车另行拖带，造成开车时间延误，酿成大祸。据传，该司机很快受到了铁路方面的惩处。

《点石斋画报》一向关注铁路，自然也有反映天津铁路事故的图画。一幅是《火车被毁》，描写的是1891年中历二月十六日，一列火车从天津塘沽发车不久，货车忽然起火。经过调查得知，酿成此祸的原因是烟筒进出的火星落在车上装载的棉花包内，那天风力又大，大火轰轰烈烈地烧起来。水龙无处取水，导致车辆被毁，人员也有损伤。

另一幅是《毙于车下》，描写的是1893年的一天，天津铁路公司的一列火车由芦台开往塘沽。火车已经开动，站台上奔过来一个迟到的人。他见车速不算太快，就拉住车门，想跳上去。不料脚力没跟上，手又握得不牢，摔下来落在了铁轨上，大腿被车轮轧断。司机急忙刹车，下车一看，那人已肉烂骨折，奄奄一息，不久就死了。

机器代替人力，是传统农业生产方式向近代工业生产方式变革的标志。作为新生事物，火车虽然开通和运转了，但技术是否到位，管理是否严格，工作人员和乘客是否适应，这些问题都不是一朝一夕所能解决的。社会近代化的同时，人类也付出了血的代价。

参见解图 57《火车被毁》、73《毙于车下》

8. 天津的东洋车

　　《点石斋画报》中有《脱帽露顶》一图，描绘了天津刚刚引进东洋车的情景：天津北门一带本来就是交通要道，新添了许多东洋车后，路上就更挤了。有一个人在路边散步，一辆东洋车从他身边擦过，他的辫子绞在车轮上，车轮转动，竟把他的辫子和帽子一起拉下来。车夫惊慌失措，而那个人却只顾用两个袖子蒙住脑袋，好像感到很羞耻。过路人一看，这个人原来是个秃子，只不过是戴了个假辫子而已。

　　东洋车即人力车，各地叫法不同，北京人、保定人叫"洋车"；上海人叫"黄包车"；广州人叫"车仔"；天津人则叫"胶皮"，称东洋车夫为"拉胶皮的"。东洋车普及后，一般可分为自用、包用、拉散座三种。

　　"东洋车"，顾名思义，是从东洋（日本）引进的。东洋车发明于1870年，有人说是美国在日本的一个牧师发明的，也有人说是英国驻日本横滨领事馆官员佩里发明的，而日本人则认为是日本人铃木德次郎首先发明的。1873年，一位在日本经商的法国人米拉（一说为梅纳尔）看到了这种车子，当他到上海后，发现上海城市发展很快，但除了租金昂贵的马车、坐在上面极不舒服的"江北车"及速度极慢的轿子外，没有合适的代步工具，于是他将在日本看到的"东洋车"画成图纸，向法租界公董局递呈了一份计划书，要求在上海设立专门机构开展东洋车服务，并申请十年专利经营。这一有利上海市内交通的计划立即得到公董局和工部局的批准和支持。第二年1月，米拉就将在日本定购的一批东洋车运进了上海，并雇用了一批车夫，稍经培训后就投入了运营。1月20日，上海第一家东洋车行登出了一条广告："今宵本行新到洋车，比中华车（即'江北车'）大不相同，不论天暗下雨，一样可推。车上另有篷帐，下雨不湿衣服，格外奇巧，贵客商欲坐者，请至本行贾可也。"

　　天津也是中国引进东洋车较早的城市。民国时期出版的戴愚庵所著《沽水旧闻》说："今之人力车，触目皆是。当先光绪十五年，津人尚无知之者。十六年，盛宣怀以善办洋务，特署津海关道。

由上海携来车一辆，以人挽之而行，每出必乘，津人以为奇异。询之车夫，据称车名'东洋'。旋由某木匠仿造十辆，以作自本地，命名为'太平车'。"说天津的东洋车是盛宣怀由上海引进的，这很有可能，但说是光绪十六年（1890）引进的，就未免太晚了。因为初刊于1884年的张焘所著《津门杂记》中就有对天津东洋车的记载："自官道工竣，人庆康庄，赶脚驴者及拉东洋车者，尤称便利。两项约以数百计，尚陆续增添，有加无已。人以价廉，随地雇坐，每来一客，而若辈不分次序尽先抢夺，争揽之声哄然莫辨。赶脚者，执鞭飞跑，追随驴后。拉车者，促促如辕下驹，汗流浃背，东来西往，驰走如风。是虽食力为生，颇不容易。然尤须瞻前顾后，倘于行人稍不仔细，致有冲撞之虞也。"这说明，至晚在1884年，天津就已经有了东洋车。此外，还可以知道当时东洋车冲撞事故是比较多的，这与《脱帽露顶》图反映的情形是相符的。

较早记载天津东洋车的，还有印行于1898年的羊城旧客所著《津门记略》："东洋车创自东洋，先试行于香港、上海等埠，天津租界洋人亦偶有乘坐者。自城外单街、估衣街、针市街各处官道工竣，本地工匠则效之，亦极利用。于是年复一年，有加无已，近日直增至数千辆之多，遍地皆是。随便顾坐，飞走甚速。价亦甚廉，青蚨数十枚可行路五六里。而车夫大都来自外乡者，来往奔驰，汗下如雨，是虽食力为生，亦非容易也。但乘坐之客，必须瞻前顾后，恐有冲撞之虞也。"所记东洋车运营的道路和冲撞事故较多的情况与《脱帽露顶》图反映的情形也是相符的。

在清末著名小说家吴沃尧（号趼人）的代表作《二十年目睹之怪现状》（从1903年开始发表）中，也有对天津东洋车的描写："及至船到了天津，我便起岸，搬到紫竹林佛照楼客栈里，拣了一间住房，安置好行李。歇息了一会，便带了述农给我的信，雇了一辆东洋车，到三岔河水师营去访文杏农。"在他的另一部长篇小说《恨海》（写于1905年）里，也提到天津东洋车："且说伯和自从到了紫竹林，住在佛照楼，过了十来天，外边的风声更加紧急，所有南省之人，都纷纷附了轮船南下……不如径到西沽大车店里住下……定了主意，就收拾过行李。此时东洋车，拳匪不准到内地，只得套了骡车，径到西沽来，下在店里。"由此可见，在19世纪末20世纪初，东洋车已经成为天津很普及的代步工具了。

据史料记载，至1906年时，天津有人力车经营场、铺228处，从业人员1446人；人力车工2306户、8802人；人力车6788辆。其中营业用人力车6127辆、自用人力车611辆。到1916年，人力车已发展到四万七千余辆，车工六万余人。

　　北京出现东洋车比天津稍晚。1886 年，北京街头出现了几辆东洋车，但仅供个人使用，不具有商业性。1898 年，北京出现了商业性的东洋车，出现了出租东洋车的车行。《庚子记事》一书所收《庸扰录》记载："京城自东交民巷设立马路以来，向有东洋车百余辆……"1900 年，在义和团运动中，北京的义和团成员因东洋车源于日本，遂将北京的东洋车全部砸毁。天津的义和团也对东洋车进行了限制。此外，济南、成都、大连、青岛等城市的街头也陆续出现了东洋车。

　　保定的东洋车是 1900 年底从天津传过去的。这年 10 月中下旬，英、德、法、意四国侵略联军进占保定，省城总巡查张日升不顾民族大义，与四国联军头目打得火热，为入侵者"代备女闾"，供士兵淫乐。为给侵略者提供交通方便，博取欢心，他还特地从天津购买了 20 辆东洋车，雇人拉运，东洋车由此便传到了保定。

　　最初传入中国的东洋车的车身较宽，可以坐两个人。但有关部门认为男女二人挤在一个车座上招摇过市，有伤风化，同时一人拉二人也很吃力，于是从 1879 年开始，东洋车一律被改为狭身，只准坐一人。在 19 世纪 90 年代以前，橡胶尚未普遍使用，东洋车轮均为木轮，四周箍以铁条。为了提高车辆的抗震效果，那时东洋车的轮子特别大，直径达一米五。一直到 1892 年，东洋车才被改为实心橡胶轮盘，天津人因此形象地称之为"胶皮"。

　　北方的东洋车，车把是两根直杆，前面有半月形的白铜刻花挡头；南方的东洋车，车把则是弧形的，中间宽，前头窄，前面挡头处不加装饰，只一根横杆。车箱下的弓子，即弹簧，北方是两条弧形钢片，上下对交成梭子形，支点在中部，上面装车箱，下面装车轴，车一拉起，重量集中在支点，随着压力弹簧震动，促使车轮前旋，所以拉车人感到弓子弹性越好，拉起来越快，越省力；南方则下面钢片较长，在后面弯一大半圆形抛物线，再连接上面钢片，成一绘图用弧线版形，工艺较复杂。车灯，北方新车是左右对称的白铜玻璃灯，六棱形，六面玻璃，后面一小扇可打开用以点灯，上有球形圆顶，像一个圆顶六角凉亭一样，下面还有圆柄；南方则一边一个大手电筒头一样的灯。坐垫、脚垫，北方一般是漂白布套子嵌红线，镶莲叶花边，下面栽绒花地毯脚垫，冬天黑斜纹纳菱角块棉篷子，夏天漂白镶红寿字遮尘；南方讲究的则是黑皮弹簧垫子，下面脚垫是块黑橡皮。据《沽水旧闻》记载，天津最早一批东洋车藻饰华丽，"车垫、车尾、车里等，均以摹本缎为之。足踏处，实以德意志国运到之花油布……车垫心，且为俄罗斯国运到之汽垫。车把上端，各悬一灯。车臂左右，各悬一表，一布掸。

车后则嵌一玻璃镜"。这样的车在当时算是很豪华的了，在街上一跑，人们必驻足观看。"年高有德之士，以妖叹之"，可见一些人对新生事物的态度了。

20世纪30年代，靠脚踏的三轮车出现。此后，靠人拉的东洋车逐渐被淘汰，至40年代末就基本消失了。

参见解图 29《脱帽露顶》

9. 握手礼在天津

　　《点石斋画报》中的《西员受贺》一图,作者认为德国人汉纳根帮助北洋水师练兵多年,在中日战争中指挥有方,立了大功,天津绅商到他的公馆按照西方习惯为他祝贺,感谢他对中国的帮助。图的中心是中国官员正在与汉纳根握手。此事发生在 1894 年,这是中国较早表现握手礼的一幅图画。

　　有研究者认为,握手礼来源于原始社会。早在远古时代,人们以狩猎为生,如果遇到素不相识的人,为了表示友好,就赶紧扔掉手里的打猎工具,并且摊开手掌让对方看看,示意手里没有藏东西。后来,这个动作被武士们学到了,他们为了表示友谊,不再互相争斗,就互相摸一下对方的手掌,表示手中没有武器。随着时代的变迁,这个动作就逐渐形成了后来的握手礼。

　　中国封建社会等级制度森严,见面礼仪搞得十分烦琐。根据身份与场合的不同,有三跪九叩、长拜作揖等种种讲究。从乾隆年间开始,清政府与欧美各国使臣围绕着觐见礼仪问题争执了近一个世纪。中方要求外国使臣按藩邦贡使礼节向清朝皇帝行三跪九叩大礼,而各国使臣则坚持按西例行三鞠躬礼。礼仪之争的背后,隐藏着平等来往还是一方向另一方称臣纳贡的两种观念相较量的实质。直到 1886 年,作为双方妥协的结果,在紫禁城内实现了外国使臣向清朝皇帝行五鞠躬礼的觐见礼节;同时,在非正式的外交场合,中国政府允许本国官员按西方的风俗习惯与外国人握手寒暄。这是中国见面礼革故鼎新的开端。到 20 世纪 30 年代,握手已成为中国社交场合中最常见的见面礼。1943年 10 月,国民政府有关部门在陪都重庆北碚之温泉举行礼制讨论会,会后刊行的《北泉礼仪录》正式将握手礼载入官吏礼节。因此,《西员受贺》一图所描绘的握手礼,处于这种礼节刚刚在中国被允许使用阶段,具有比较珍贵的史料价值。

参见解图 88 《西员受贺》

10. 泮池跃鲤与"南皮二张"

　　泮池是文庙特有的建筑。据《礼记·王制》等文献记载，西周时的最高学府称"辟雍"，是周天子设置的四面环水的大学堂。各地在文庙学宫前院开挖圆形或半圆形水池，上架泮桥，以象征"辟雍"，人们踏上泮桥，就好像进入了最高学府。天津府庙泮池为半圆形水池，泮桥曾名"鱼化桥"。"鱼化"来源于典故"鱼跃龙门"。相传山西河津有龙门，水险浪高，河中鱼鳖游不过去，凡能跳跃龙门的，即可变成龙。金殿传胪，则是中国古代科举考试后皇帝亲临宣布及第进士名次的典礼。宣布名次之日，进士集于集英殿，由传胪官唱名，亦时由皇帝亲自唱名，转相传唱于阶下，卫士皆齐声传名而高呼，谓之传胪，亦称唱胪。旧时人们认为，泮池跃鲤乃是金殿传胪之兆。近代天津就发生过这样的事情。

　　《点石斋画报》中有一幅反映当时天津府庙泮池鲤鱼跳跃的《跃鲤呈祥》图。这幅图画于1891年底至1892年初，作者是符节（字艮心）。《跃鲤呈祥》画的是泮池近景，池上的泮桥和池边的棂星门只露一角。池中数尾鲤鱼个头儿很大，欢蹦跳跃。几位文士正凭栏观赏，指指点点。《跃鲤呈祥》眉题为："……天津府学有泮池焉，芹藻生香，清流可爱。相传丁未春池中有跃鲤之瑞。是年南皮张相国果大魁天下……本年有邑绅黄君重修两学泮池，忽见有金鱼数尾，以泳以游，大几盈尺，天机洋溢，文采斐然，颇有濠濮观鱼之概。黄君以前事证之，私心窃喜，以为明年金殿唱胪时多士跻跄，当必有大手笔。其人润色鸿业，以应斯瑞者。是耶？非耶？合志之以观其后。"

　　这里所说的南皮张相国大魁天下，是指直隶南皮（今河北南皮）人张之万金榜题名之事。雍正九年（1731）天津升州为府，辖天津、静海、青县、南皮、盐山、庆云、沧州六县一州。南皮县属天津府管辖，张之万自然就是"天津人"。张之万于丁未年（道光二十七年，1847）以状元及第，而且后来做了"状元宰相"，天津人觉得很光荣，便将此事与天津府学泮池跃鲤联系起来。

　　张之万（1811—1897），字子青，号銮坡，谥文达。他历任湖北乡试同考官、河南乡试同考官、礼部右侍郎、河南巡抚、河道总督、漕运总督、江苏巡抚、闽浙总督、兵部尚书、协办大学士、太子太保、大学士等职，晚年可乘双抬轿出入宫禁。英法联军进犯天津时，他曾奉命回津办理团练。他还是著名的画家，尤以山水见长，时人将他与另一位著名画家戴熙以"南戴北张"相称。

难得的是，就在张之万以状元及第十几年后，他的族弟张之洞于癸亥年（同治二年，1863）以探花及第。会试前慈禧太后曾通过张之万询问过张之洞的情况，因此她亲自将张之洞从二甲第一名提拔为一甲第三名（探花）。

张之洞（1837—1909），字孝达，号香涛，生前人多以南皮、广雅、香帅相称，死后又因谥号而被称为张文襄公。他曾长期任职翰林院等闲职衙门（其间外放湖北学政与四川学政），成为京师清流党要角。1882年起，他先后担任山西巡抚、两广总督、湖广总督，并两次署理两江总督，在当时的封疆大吏中地位仅次于李鸿章。其间，他主持兴办了大量的洋务事业，成为后期洋务派的领袖人物。1907年，年届古稀的他进京入阁拜相（军机大臣、体仁阁大学士），登上了传统仕途之极峰。张之洞还是一位学者和思想家，最著名的是他由《劝学篇》所构建的"中体西用"文化观。现代史学大师陈寅恪说自己"议论近乎曾湘乡（国藩）张南皮（之洞）之间"，足见受其影响之大。

张之洞虽是天津府人，却长期在南方任职，他的主要政绩也在南方。最典型的例子是当19世纪80年代李鸿章主张以天津为中心修建铁路的时候，张之洞却建议在内地修建北京至汉口的铁路。他对外主张拒侮，对内主张改革，做了一些有益于国家民族的事情，在历史上的影响要远远超过其族兄张之万。

南皮张氏本来就是一个大家族，近代又出了张之万和张之洞这两个在科举和仕途上都很耀眼的人物，使得"南皮张"在天津乃至全国的名气越来越大。

然而恐怕就连《跃鲤呈祥》图的作者也没想到，作为封建科举制度受益者的张之洞，后来竟成为这个制度的掘墓人。对科举的腐朽丑恶，张之洞看得清清楚楚。尤其是他做洋务大吏后，亲身体验了科举制度下陈腐的知识结构给他举办的近代化事业一再带来的失败和损失，所以痛下决心："惟救时必自求人才始，求才必自变科举始。"（《妥议科举新章封折》）他为废除科举制度进行了不懈的努力，历时一千三百年的中国科举制度在1906年寿终正寝了。废除科举、兴办新学后，各地文庙大多失于修护，日益衰颓，即使有泮池跃鲤之事，也不可能金殿传胪了。

值得一提的是，当时上海著名画家吴友如也据天津府庙泮池跃鲤之事画了一幅《泮池跃鲤》图，后收入《吴友如画宝·古今谈丛图》中。这幅画眉题的内容与《跃鲤呈祥》图相仿："天津府学泮池相传于丁未春有跃鲤之瑞。是年，南皮张相国以第一人及第，果应其瑞。去年，邑绅黄君重修两学泮池，见有金鱼数尾游泳水面，大几盈尺，天机活泼，文采焕然。以前事证之，今年金殿传胪时当必有冠冕群英者……"后面还提到"英雄之入彀者谓之鲤鱼登龙门"，有国家需要人才的意思。

《泮池跃鲤》图的场面比《跃鲤呈祥》图大得多，可谓全景式地描绘。画面近景为石砌的拱桥泮池。中心有六尾金鱼欢跃跳出水面。桥上及池畔有二十余人，或低头细观，或呼叫他人。中景是学子们三三两两，诵辞吟诗，闲庭信步。远景是大成门，后面依稀可见歇山顶二层楼阁。这座楼阁应是天津文庙的魁星阁。吴友如这样画可能受曲阜孔庙"奎文阁"的影响，也可能是他长期生活在苏州和上海，又曾应两江总督曾国荃之邀到南京绘制《金陵功臣战绩图》，因此吸收了这些地方文庙（夫子庙）建筑的影响（上海文庙即有"魁星阁"，亦名"奎星阁""奎文阁"，高三层，但各层飞檐起翘较大，逐层收进，阁顶为葫芦形）。这幅图画面以府学前院为主，左侧也反映出西院有类似的建筑，说明作者知晓天津并存府、县两座文庙，因为这在外地并不多见。但是整个画面与实际建筑相比，还是显得宏伟壮观得过分了些。

从眉题上看，《跃鲤呈祥》图的创作时间早于《泮池跃鲤》图（前者写"本年"，后者写"去年"）。吴友如画《泮池跃鲤》时已经离开点石斋书局，很可能是他看到《点石斋画报》上发表符节的《跃鲤呈祥》后，重新构图画出了《泮池跃鲤》。

参见解图 67《跃鲤呈祥》、附图 6《泮池跃鲤》

11. 收藏家"龙袍郑"

　　《点石斋画报》中有一幅《海滨一叟》图,描写天津大沽已故孝廉郑步蟾家收藏御袍、御扇的情况。郑家每年六月六日都要恭恭敬敬地把这些袍、扇拿出来晾一下,然后用黄缎包裹,妥善收藏。有人曾见过郑家收藏的御袍,系用宝蓝色贡缎制成,上面绣有团龙等图案。据说郑氏七世祖梦琳曾是海滨渔夫,康熙二十二年,皇帝巡阅大沽海口,郑梦琳被选为御舟水手,因护驾有功,得到御书"海滨一叟"匾额和一件御袍、一把御扇。郑梦琳叩谢天恩,领回家中,将这些御物作为传家宝,让子子孙孙珍藏下去。那块匾额悬挂在家庙里,由于年代久远,现在已经找不到了,只有御袍和御扇还珍藏着。

　　戴愚庵所著《沽水旧闻》中,也讲到了这个故事,标题是《乾隆吃面鱼》。《点石斋画报》与《沽水旧闻》叙述此事大同小异,但前者说赐给郑家御袍的是康熙皇帝,而后者却说是乾隆皇帝,光是时间就差了几十年。

　　关于御袍的来历,《乾隆吃面鱼》说,乾隆皇帝下江南,路过天津时,驻跸大沽造船所。一天,他微服出游,没带一个随侍,信步来到海边。眼见晴日当空,海波不兴,他非常高兴。乾隆皇帝看见一名渔夫弃舟登岸,就问他:天晴日暖,正是打鱼的好天气,为什么却上了岸?渔夫说,要下雨了,他回家避雨。他还指着太阳的三道光芒说雨马上就要下,邀请乾隆皇帝跟他回家避雨。二人刚进茅舍,雷雨大作,日以继夜,乾隆皇帝走不了,渔夫就做饭给他吃。有一道菜是面鱼,乾隆皇帝从来没吃过这么好的东西,大加称赞。转天,雨过天晴,乾隆皇帝脱下内衬龙袍赏给渔夫。渔夫这才知道是皇帝驾到,马上叩首乞罪。乾隆皇帝喜欢他的诚厚,就御赐"渔滨逸叟"匾文用来表彰他。这个渔夫姓郑,无名,排行老大,人称郑大。乾隆皇帝赐给他龙袍后,人们就改叫他"龙袍郑"。

　　比起祖父康熙皇帝来,乾隆皇帝与天津的缘分更深些。天津著名的古迹,如海河楼、水西庄、柳墅行宫等,都与乾隆皇帝有着密切的关系。据说后来海鲜酒楼畅销的天津名菜"软炸银鱼",就是当年郑大为乾隆皇帝做的"天津面鱼"。

　　至于龙袍，普通收藏家既没有机会也没有胆量收藏。在清代，如果能得到皇帝赐予的黄马褂，那就是无上荣耀了。黄马褂属于皇帝的最高赏赐，只有四种人才可以享用：皇帝出巡时，所有扈从大臣，即御前大臣、内大臣、内廷王大臣、侍卫、仆长等皇帝的心腹之人；竞技场上比武的优胜者和每年"行围"时贡献珍贵禽兽的大臣；作战有功的高级武将或统兵的文官；朝廷特使，宣慰中外的官员。皇帝的龙袍，是"天子"威严的象征，制作程序非常复杂。清代皇帝的龙袍照例由如意馆（在今北海公园画舫斋内）第一流工师精密设计，做出图样，经皇帝亲自审定认可后，才派专差急送南京或苏杭织造，由织造监督，做成一件要花一年的时间。做成后，要写出详细报告，严密装箱，按时派专员护送到北京。清代帝王特种袍服还有用孔雀尾毛捻线作满地，平铺，另用细丝线横界，上面再用米粒大的珍珠串缀绣成龙凤或团花图案，其用料之精、和色之美、手艺之巧、费工之大，皆为前代所罕见。2003 年香港苏富比有限公司在香港展出了一件乾隆皇帝的缂丝十二纹章龙袍，估价为 60 万至80 万港元。由此可见，"龙袍郑"的这个"专项收藏"很不一般。

　　2003 年 6 月，"龙袍郑"的后代郑开琴给笔者写信，介绍了"龙袍郑"的家事和龙袍的收藏情况："龙袍郑"名叫郑兆澜。龙袍是宝蓝色绸子里，茄紫色纯丝面，上面金线绣龙，全金纽扣。乾隆皇帝赐袍后，"龙袍郑"在东大沽一带很有名气，各地大小官员到此，文官叩首，武官下马。后来"龙袍郑"的后代不再打鱼，定居于离大沽渡口不远的三岔斜街一个四合院中，院门正对着大沽戏楼。龙袍也一直收藏在此院中，《海滨一叟》图所绘郑家六月六日晾晒龙袍的场景当是此院。天津解放后，郑家为避免麻烦，每年六月六日不再晾晒龙袍，只是过一段时间拿出来看看有没有生虫，然后包好放回箱子里。1956 年，郑开琴的父亲携妻子儿女搬到河西区德才里居住，龙袍也被带到天津市里收藏。"文革"期间查"四旧"，郑开琴的母亲感觉情况不妙，就将龙袍剪成两段，准备销毁，但还是与郑家收藏的很多古董字画一起被从塘沽赶来的红卫兵抄走。时至今日，这件龙袍也不知下落。

　　当年郑家每年六月六日都要把龙袍拿出来晾一下，与旧时风俗有关。民谚云："六月六，晒红绿。"每逢农历六月初六，正值酷热的伏天，中国民间在这一天有"晒伏"的习俗。所谓晒伏，就是经过梅雨天气之后，家家户户将藏在箱底的红红绿绿的各色衣服在六月六这天拿到骄阳下曝晒，以防霉烂与虫蛀。相传晒衣之俗起源于汉代，当时建章宫之北有太液池，池西有汉武帝的"暖衣阁"，伏天宫女便"登楼曝衣"，即所谓"晒龙袍"。到魏晋时期，晒衣之俗又成为豪门望族炫耀财富的大好时机。

"六月六，晒龙袍"虽然也是一句民谚，但也只是起到提醒人们勤晾衣服的作用。像天津郑家这样真有资格晒龙袍的，全国能有几家？

参见解图 44《海滨一叟》

12. 久居天津的德国贵族汉纳根

　　说到近代在天津居住时间长而活动能力又很大的外国人，首先要属德璀琳和汉纳根。这翁婿二人，都是德国人（一说德璀琳是德裔英国人）。

　　古斯塔夫·德璀琳（1842—1913），1864 年到中国海关担任四等税务员，1869 年以三等税务员的资格到天津海关工作。后来他历任镇江关、浙海关、粤海关和烟台关税务司，从李鸿章手里为外国商人争得了很多权益，得到中国海关总税务司赫德（英国人）的赏识。1877 年他调任天津海关税务司，从此把持天津海关达二十多年之久（1877 年至 1882 年，1884 年至 1896 年，1900 年至 1904 年）。1878 年，德璀琳在天津英租界设立邮政总办事处，在天津、北京、烟台、牛庄、上海设立华洋书信馆，同时发行了一套以蟠龙为图案、上印"大清邮政"的邮票，他亲自为这套邮票设定了颜色。德璀琳在津海关税务司任内，利用手中的权力，给洋商尤其是英国商人带来了很多利益，因此他先后十次被推举为英租界董事长。他参与扩充英租界，建立公共图书馆，创办报纸，支持赛马会，修建戈登堂，倡导修筑铁路，倡办书院，力主浚治海河，盗卖开平煤矿。在李鸿章主持中国外交和军事工作的过程中，德璀琳给他以强烈的影响，舆论普遍认为德璀琳是清王朝"实际上的外交部长"，"北京的外交使团要不先来到天津见过德璀琳先生和李鸿章，是什么也干不了的"。慈禧太后 60 寿辰时，赏给他"头品顶戴"。

　　德璀琳有五个女儿，均擅长交际，爱好体育。德璀琳公馆在很长一个时期是天津的社交中心。德璀琳的二女婿是美丰银行经理，三女婿是奥国驻天津领事，四女婿是开滦矿务局总经理，五女婿是英国驻华使馆武官，而大女婿就是汉纳根。

　　汉纳根（Von Hanneken，1855—1925），贵族出身，据说还是德皇威廉二世的外甥。年轻时，当过普鲁士陆军炮兵上尉。1879 年退伍，由中国驻柏林公使馆聘请来华，在天津任军事教官兼充李鸿章副官，并负责设计和建造旅顺口、大连湾、威海卫炮台。据说，天津北塘的炮台也是汉纳根修的。由于在炮台的设计方面与中国官员意见不一致，他于 1891 年回国。

1894 年，汉纳根再次来华。这一年朝鲜发生内乱，根据朝鲜政府的请求，清政府派军队赴朝协助稳定局势。7 月 23 日，汉纳根由大沽口搭乘运送清军的英国商船"高升"号前往朝鲜。25 日，"高升"号在丰岛附近海面被日军舰击沉，一千多名中国官兵同时遇难（《点石斋画报》中《形同海盗》一图对此事有详细描绘）。汉纳根水性好，泅至岸边被救。李鸿章在给皇帝的奏折中称："当船沉时，凫水逃入海岛各弁兵，经德员汉纳根送信，停泊仁川之德国伊力达斯兵船，驶赴该岛，载回兵勇一百十二人，并高升水手、升火八名。汉纳根又于烟台会同德兵船主，商之英国播布斯兵船，再往该岛，载回弁勇八十七名，先后送至烟台，均经妥为抚恤，分起回营……"不久，汉纳根应李鸿章之聘，以花翎总兵衔入北洋水师充总教习兼副提督。

1894 年 9 月 17 日，黄海海战爆发。汉纳根协助北洋水师提督丁汝昌在旗舰"定远"号上指挥作战。当北洋水师发现日本舰队时，丁汝昌指挥舰队先以"犄角鱼贯阵"迎敌。及见日本舰队以"鱼贯纵阵"逼来，并发现"日本舰队似乎打算攻击中国舰队正中"的架势，乃下令变换阵形，"以镇远、定远两铁甲舰居中，而张左右翼应之，令作犄角雁行阵"。午后一时许，海战正式打响，战斗持续了五个小时。海战结果，北洋水师损失军舰五艘，死伤官兵八百余人。日本舰队也遭到重创。海战结束后，10 月 9 日，清廷特颁谕旨："洋员汉纳根在海军当差，教练有方，此次大东沟之战，奋勇效力，深堪嘉奖。加恩赏给二等第一宝星，以示鼓励。"后又赏加双眼花翎提督衔。

《点石斋画报》中《西员受贺》一图描绘的就是汉纳根因此事接受天津绅商祝贺的情景。此图题款大意是：汉纳根帮助北洋水师练兵多年，深得李鸿章器重。日军肇事攻击中国商船，他泅水逃生，回到天津候用。李鸿章了解他的才能，任命他为副提督，仍令他协助中国将领丁禹廷（丁汝昌字禹廷）率领海军赴高丽。八月十八日，中日军队遭遇于鸭绿江，汉纳根激励将士，而且指挥有方，使过去畏缩不前的人也舍命奋战，击沉日舰四艘，奏凯而回。他虽然受伤，却立了大功，中国人都仰慕他，以能够见到他为荣。天津绅商尤为爱戴他，请名家写了一篇贺辞，叙述他的战绩，为他记功，还到海军副提督公馆按照西方习惯朗诵贺辞，感谢他对中国的帮助。朗诵完毕，汉纳根谦让再三，才接受贺辞，并设茶点款待官绅们。双方交谈了很久才分手。

关于汉纳根与北洋舰队的关系，史学界有两种观点：一种认为汉纳根在军事上根本就没有指挥才能，黄海海战他是无功而返；另一种认为汉纳根按西法训练北洋舰队，对清朝海军技术的提高起了一定的作用。《西员受贺》一图的文字作者显然是认为汉纳根大大有功于中国的。

黄海海战后，汉纳根认为黄海海战由于"中国海军近八年中未曾添一新船，所有近来外洋新式船炮一概乌有，而倭之船炮皆系簇新，是以未能制胜"，建议清政府向智利、德国、英国购买快船，聘请外国将弁水手同船来华，新旧合成一大军，另派一洋员为全军水师提督，同时建议加练陆军十万人以及向外国购买枪械等。出于多种原因，他的建议未能实现。

汉纳根同德璀琳的女儿埃尔莎结婚后，就不再过问军事。他曾协助德璀琳开办天津印刷公司（天津印字馆），设立跑马场。后来他在其连襟、犹太裔英国人、开滦矿务局总经理纳森的协助下，投资开发山西井陉煤矿，成为一个富翁。他还曾资助据说做过德皇威廉二世厨师的起士林在天津开办点心铺，每次他去吃点心，起士林都要高接远迎。第一次世界大战爆发后，汉纳根在天津为德军购买了大量军用物资，运回德国。他还在德国俱乐部召集德侨开会，为战争捐款。

第一次世界大战德国失败，汉纳根在1918年底被中国政府遣送回国，井陉煤矿也被北洋政府"收归国有"。1921年他再度来华，但无生活来源，先是依靠变卖德璀琳的遗产过活，后来只好靠曾为他经营井陉煤矿的高星桥接济度日。1925年，汉纳根在天津逝世，根据他的遗愿，他的尸体连同他临终前恳求高星桥为他买的一口玻璃棺一并由亨宝轮船公司运回德国安葬。但也有人说，并无玻璃棺之事。

参见解图88《西员受贺》

13. 杨柳青人"赶大营"

　　《点石斋画报》中《相逢意外》一图,描绘的是一个天津人因远去伊犁谋生,给家庭带来的悲欢离合。题款大意为:天津人郭某,家有老母及一妻一子。因生活困难,去伊犁谋生。伊犁远离天津一万三四千里,郭某刚去的时候还给家里写信,后来就音信全无,一晃就是十年。家境更加窘困,他的母亲以为儿子生还无望,就劝儿媳改嫁。儿媳不得已而从之,但一想起自己的丈夫,便放声大哭。这年春天,郭某恰好还乡,听到哭声,像是自己的妻子,上前一看,正是妻子。郭某携妻回家,偿还了媒资,夫妻和好如初。

　　《吴友如画宝·古今谈丛图》中《月缺重圆》一图,描绘的是同一个内容,但更有价值的是,明确说出这是杨柳青人"赶大营"。题款大意为:天津杨柳青一带的人,往往走一万三四千里的路,到伊犁谋生,叫作"赶大营"。郭某离别老母妻子,随着人群去伊犁。刚去一两年的时候,他还给家里写信;辗转到南八营后,同乡寥落,因此他就十年没有给家里捎信。家境更加窘困,他的母亲以为儿子生还无望,就劝儿媳改嫁。儿媳不得已从之,换来彩礼钱数十串为婆婆和儿子做几件棉衣。还有一个月就到结婚的日子了,她自怨命苦,偷偷地到村头痛哭,声音凄惨。正好有一个人进村,听到她的哭声,停住脚步,上前一看,正是自己的妻子。原来,郭某在春天忽然想家,从春天走到夏天才回到家,恰巧遇上了妻子。

　　这场家庭悲喜剧是杨柳青人"赶大营"的一个小插曲。杨柳青人"赶大营"是中国历史上一次自发而又成功的移民,是天津杨柳青人的一大创举。杨柳青人"赶大营",是天津近代史上的一件大事,也是中国近代商贸史上的一个奇迹。

　　19世纪70年代,清廷任命左宗棠为钦差大臣,率清军西征,击败了盘踞新疆多年的浩罕汗国军事头目阿古柏,并收复了全疆。在此期间,清廷号召内地人支边,尤其鼓励沿海交通便利的商旅,随西征大军售供军需生活用品。杨柳青人就是在战争年代随清军进入新疆的。初始,一大批被饥荒所困的杨柳青人，紧跟西征的清军，肩挑小篓，沿途贩售针头线脑等物，以补军需之备。因追随军营做生意，故称"赶大营"。又把"西大营"做了新疆的代称，称为"上西大营"。清军攻入迪化（今乌鲁木齐），左宗棠曾下令，首入城者可任其划地开设店铺。杨柳青的杨润堂兄弟、"螃蟹郑"、石匠周乾义等人，就在市中心区开起了京货铺。1884年新疆建省后，倡兴商业，大批杨柳青商人由行商改为坐商，形成了规模庞大、财力雄厚的天津商帮，翘居"新疆八帮"之首。《新疆图志》记载："津人植基最先，分枝遍及南北疆。"

杨柳青人从天津去新疆，有三条路线：一是经冀、豫、陕，出玉门关入新疆；一是经蒙古草原绕甘肃入新疆；一是出满洲里，经西伯利亚铁路至阿尔泰换乘马车折入国境。他们长途跋涉，十分辛苦。杨柳青人有一句谚语叫"十事九不成，只有赶大营"，说的是在家里谋生无路，就不辞辛苦，远去西北求生。最初只是一些小商贩、小手工业者和失业平民，办一些盐巴、皂碱、针线、鞋袜、毛巾之类的小商品，挑着一副担子，万里跋涉到新疆去贩卖。一去一两年，有的站住了脚，数年不归，妻子爷娘就乘坐大篷车前往看望。当时的杨柳青镇西和镇中两个渡口便是登车处。后来，因"得利易"，杨柳青人往者日众，从挑小篓发展为驼队驮运，逐渐形成"西大营八大家"，"其第一家有骆驼万头，一呼可集数万人"。因之，杨柳青人除在乌鲁木齐开设店铺近二百家外，在伊犁、塔城、于阗等地，也都有他们的商店。清廷发给新疆驻军的饷银都指定"杨柳青帮"的同盛和周家、永裕德郑家等八家商号代理。他们中的代表人物，还被新疆地方当局委任为官钞总办和官钱局长等职。

自清军进疆至抗日战争前的70年间，涌往新疆经商的杨柳青人不绝于途。20世纪50年代后，由于兰新铁路通车，不再需要杨柳青的商帮跑西北做生意了。

当年，西出阳关的杨柳青人舍生忘死，拼搏创业。在漫长的征途上，他们时常要冒着枪林弹雨，面对绿林响马的刀光剑影。在极为艰难的条件下，成千上万的杨柳青人摆脱了贫困，发家致富，获得成功。"赶大营"有力地支援了清军的卫国战争，收复了新疆的大片国土，维护了国家的统一。杨柳青人的爱国之心、报国之举，名垂青史。"赶大营"还使"百艺进疆"，为新疆带去内地的各种技艺文化习俗。每年运去大量商品，推动了新疆的商业开发，促进了乌鲁木齐等城市的近代化。杨柳青商人把大量的黄金、羊毛、棉花、贵重药材等运回天津，创办了一批银号和工商企业，兴办了众多的公益事业，为天津增添了繁荣。特别是新疆地毯编织艺术的传入，使天津地毯在全世界始终享有盛名。"赶大营"

还带动了沿线陕、甘、晋、绥等地的经济发展。植根新疆的几代杨柳青人，增进了边疆地区的民族团结。

如今，杨柳青人的后裔遍布新疆，以乌鲁木齐为最，多已传至六七代。天津杨柳青人与各族人民一道为建设美好的新疆做出了历史性贡献。

参见解图 62《相逢意外》、附图 3《月缺重圆》

14. 如意庵皇会失火

　　《点石斋画报》中的《烧香遇祸》一图，描绘的是天津如意庵皇会失火之事。题款大意为：天津西门外的如意庵为供奉天后神像之所。每年三月十六日，例行抬神出巡，称作"皇会"。神像到西头的如意庵驻跸，待到十九、二十等日再行接驾回宫。相传此项活动曾经邀请皇帝观看，所以尊称"皇会"。数年一赛，每次要花去数万金，所以非常热闹。这年三月十七日的皇会，庵内张灯结彩，进香的妇女蜂拥而至，流连忘返。这天晚上，大风飞扬跋扈，将悬挂的彩绸吹到灯笼里，顷刻蔓延起来，火势不可遏制。妇女们张皇失措，拥到后门，想夺门而逃。但是掌管钥匙的人被挤得难以靠前，无可奈何。转瞬间，庵成焦土，人化烟灰，妇女被烧死的不计其数。只有几十个孩子躲避到神座下，得以安然无恙。据说火起的时候，这些孩子听到殿上呼唤，及时躲避，才幸免于难。

　　当代作家冯骥才写于20世纪80年代的小说《神鞭》，开头也提到过此事："香火引着海神娘娘驻跸的如意庵大殿，百年古庙烧成了一堆木炭。不知哪个贼大胆儿，趁火打劫，居然把墨稼斋马家用香泥塑画的娘娘像扛走了。因为人人都说这神像肚子里藏着金银财宝。急得善男信女们到处找娘娘。"

　　如意庵失火由皇会引起，而提起皇会就必然说到天后和天后宫。

　　天津城市的形成，与漕运有着密切的关系。漕运的发展，使天津最早的两个居民点——大直沽和三岔河口相继发展起来。自元初开通海运，南方的漕粮经海上至大沽口进入海河，以海河东岸的大直沽为终点，再由北运河转入大都。元政府在大直沽设置了接运厅和临清万户府，又为满足漕运船工祭祀的需要建造了"天妃灵慈宫"（后改称"天后宫"，即东庙），在三岔河口附近建造了另一座天妃庙（即西庙）。两座天后宫都是为了祭祀漕运船工们所信仰的闽粤一带的护航女神林默而建。林默为福建莆田县湄洲岛人，她死后自宋代起屡受皇封，先后封为灵惠夫人、天妃等，至清代又封为天后。天津人称天后为娘娘，所以这两庙又俗称为"娘娘宫"。由于天妃为女性，又转变为少妇、幼儿的保护神，衍化出多种娘娘，从中又形成天津民俗的特有现象——拴娃娃，还成为旧社会受损害最重的妓女的朝拜对象。对农业的旱涝、商人的致富、遇难者的求救、百姓祈福等无所不包，祭祀天后的庙会逐渐成为融信仰、娱乐、商贸为一体的民俗活动，成为天津市民生活中不可缺少的内容。随着时代的变迁，东庙地面建筑已不存，西庙保存完好，成为天津市民俗博物馆，它就是与如意庵失火相关的天后宫。

这座天后宫始建于1326年，比天津建城的时间（1404年）还要早。它是世界三大天后宫之一。天后宫坐西朝东，面对海河，占地5360平方米，建筑面积2500平方米，由戏楼、幡杆、山门、牌坊、前殿、正殿、凤尾殿、藏经阁、启圣祠及钟鼓楼、张仙阁和四座配殿组成，是天津市现存最早的一处古建筑群体。现在正殿内"娘娘"塑像高两米七，身披霞帔，头戴凤冠，四侍女捧印、抱瓶、打扇恭立两旁，殿内两侧还陈列銮驾一套。山门前有两棵幡杆高26米，为明清遗存文物，幡旗上分别绣着"津门艺萃百肆迎春"和"溟波裕日济运通航"。

天后宫的"皇会"，是一个闻名遐迩的传统活动。皇会最初叫"娘娘会"，相传农历三月二十三日是天后娘娘的生日。清代康熙年间，有人倡议，在天后娘娘诞辰之前出会四天，即农历三月十六日送驾，将天后娘娘和眼光、子孙、斑疹、送生娘娘的神像，由东门外的天后宫送到北门外的闽粤会馆天后殿供奉；十八日接驾，将这五位娘娘的神像接回；二十日和二十二日"出巡散福"，抬着五位娘娘的神像沿街游行，接受人们的香火。这就是最初"娘娘会"的活动。每逢此时，民间的法鼓会、大乐会、鹤龄会、重阁会、中幡会、高跷会等，沿街表演各种技艺。乾隆年间，皇帝乘船下江南路过天津，一时高兴，提出要看"娘娘会"。当时，乾隆皇帝的船停泊在三岔口。各会从船前经过，尽力表演，各显其能，精彩纷呈，博得乾隆皇帝的赏识。其中，乡祠跨鼓表演出色，乾隆皇帝赏给四名鼓手每人一件黄马褂；鹤龄会唱得最好，乾隆皇帝赏给四名鹤童每人一个金项圈。乾隆皇帝还对"娘娘会"的组织安排大加称赞，赏给两面龙旗。从此以后"娘娘会"身价倍增，易名为"皇会"，自然是越办越红火，声势越来越大。

皇会的规模越来越大，而闽粤会馆地势狭小，无法容纳来自各方的香客，于是就将接驾活动移至地方稍大一些的西门外道观如意庵举行。因民间有说天后原本是南海观音大士驾前童女，而如意庵正好供奉的是观音菩萨，所以送驾至如意庵最合适。特别是还有人说如意庵供有斗姆娘娘，天后又是斗姆娘娘驾前侍女，自然应在如意庵驻跸。如意庵的道士们为了迎合民间已经普遍认同的"老娘娘回娘家"这一心理，在后殿又加塑了一对老年夫妇的雕像，说他们是天后圣母的双亲，使这里香火极盛。这样，送驾的行会路线为：天后宫→宫南大街→袜子胡同→水阁大街→东门→鼓楼→西门→如意庵；接驾的行会路线为：如意庵→南阁→针市街→估衣街→单街子→宫北大街→天后宫。

如意庵皇会失火之事发生在 1894 年。据民国时期出版的望云居士、津沽闲人所著《天津皇会考纪》说，失火的原因是蜡烛引着了彩绸。前殿起火，延烧着偏殿，直连到大殿。五位娘娘的五座宝辇当时全供奉在中殿，幸未遭到火劫。香客纷纷逃命，未能逃出的烧死不少，多系缠足妇女。她们失落的簪环钗钏和弓鞋香帕不计其数。火起后，一群年幼儿童躲在宝辇之下，得以幸免。阖津大小水会全都赶到扑救，也未能挽救如意庵的命运，一座古庙大部分焚为焦土。中殿和五座宝辇虽然无恙，但是天后娘娘的神像却在大火中不翼而飞。天后的头系沉香木所雕，十分珍贵，又传说天后神像内有金银珠宝，因此人们断定是有人趁火灾之乱将其劫掠而去。后来的天后像是用香泥新塑的。

如意庵大火，使皇会元气大伤，从此中断了很多年。后来，在信徒们的操办下，恢复了皇会。因如意庵被焚后无力修复，人们也认为天后娘娘再到那里驻跸似乎不大吉利，便将接驾活动改在西门外千福寺举行。

最后的几次皇会，分别在 1904 年、1907 年、1915 年、1924 年和 1936 年举办。1936 年后，皇会停办了五十多年，直到 1988 年才以"民间花会"的形式重新登上天津市民文化娱乐的舞台。

参见解图 104《烧香遇祸》

15. 天津的"混混儿"

　　"混混儿",特指近代天津的地痞、流氓、无赖。《点石斋画报》中《津人恶打》《歌舞台空》《寻春无赖》《倔强性成》《童子军》《严办混混》《游街新样》等多幅图画都是描写天津混混儿的所作所为及天津地方官员惩治混混儿情况的。

　　《津人恶打》描写混混儿打架不要命:天津紫竹林租界的郭大、郭二与薛氏兄弟有矛盾,他们各纠集一帮人在法租界持械打斗。混战中,郭大头额被砍伤,郭二手指被砍掉三个,而薛四倒在地上还在不停地喊打。观看的人站在几百步外,但没有敢上前劝架的。

　　《歌舞台空》描写混混儿强抢歌妓:天津匪棍中,大王二和小王二最为嚣张。他们率领党徒光天化日之下去如意茶园强抢数名歌妓,茶园主人花了很多钱才把她们赎回来。这里所说的"匪棍",就是混混儿。

　　《寻春无赖》描写混混儿因嫖妓而自残:天津侯家后妓院里来了几个少年,群妓以为财神到了,就一拥而上,争相献媚。某甲是色中饿鬼,馋涎欲滴,看上一个妓女,拉住不放,这个妓女不答应他,大家也一起嘲笑他。某甲恼羞成怒,大声咆哮,挥拳将厅内家具摆设乱砸一气,还用碎瓷片划破自己的头,霎时鲜血淋漓。龟奴见势不妙,忙鞠躬赔礼,让妓女好言相劝,陪他过夜,事情才算平息。

　　《倔强性成》描写混混儿的自残和逞强:天津人李三,在县署前与混混儿打架,身受棒伤,腿骨折断,于是告到衙门。李三愤怒之下,又用刀自伤两处,让人用大筐箩抬着上堂验伤。看见的人都觉得惨不忍睹。验毕回家养伤,抬他的人为走近路,想从县署后门出去,再出北城门送他回家。刚走到马号,李三惊醒过来,问:"为什么不从前门出去,经过县阁,那显得我多么地堂堂正正?从旁门偷着出去算个什么?我与县阁外混混打架,倘若从别的路走了,人们会说我胆小,即使决西江之水也不足以雪此耻!"抬他的人假装没听见他的话,李三就从筐箩里滚出来,不顾伤口巨痛,在地上往前爬,一定要从前门出去。抬他的人不得已,只好听他的话走前门。刚出衙门口,李三便破口大骂起来,一直骂到县阁。那里的混混儿听了噤若寒蝉。于是当地的轻薄少年都认为李三是铮铮铁汉。

《童子军》则描写受不良社会风气熏染的"小混混儿"的"青出于蓝而胜于蓝":天津有两个年仅十四岁的孩子,由口角发展到动手。他们各自纠集三百多人,执树枝当枪杆,扔石头当炮弹,各树一军,相互攻击。冲在前面的人,先是摩拳擦掌,继而气喘魂飞,最终头破血流,额裂睛突。剩下的人也都受了伤,就像败北的残兵,纷纷抱头鼠窜。孩子们的父母都护着自己的孩子,为此到县里打起了官司。

《严办混混》描写天津地方官员惩治混混儿:天津道胡云湄观察上任后,立即将著名混混儿乔三、李焕章抓来,先把两人的头发剃掉,只留丫角辫,再让他们背上插着三角旗,标出他们的姓名、罪状,带上镣铐,游街示众。然后将他们监禁起来,直到洗心革面,重新做人。

《游街新样》也是描写天津地方官员惩治混混儿:天津有两名娟妓和三名忘八、乂杆,带着铁索,被官差押着游街示众。看见的人说,两名娟妓二十多岁,钗荆裙布,像是初堕风尘。乂杆头粘绿纸条。忘八则以绿纸为帽,其样式像明朝的秀巾;背上贴着画的乌龟;眼圈用碧色画成圆形,双瞳细小,意味着见钱眼开。文字作者解释:"忘八者,开娟之龟子也;乂杆者,庇娟之龟党也。"又说:"津俗呼之如此,不知何所取义。"其实,作为"庇娟之龟党"的"乂杆",也是混混儿。

在中国有许多地域性流氓,如北京的"土棍"、上海的"白相人"、苏州的"獭皮"、常州的"棍徒"、扬州的"恶少"、杭州的"地棍"、台湾的"罗汉脚"等。天津的"混混儿",是其中比较著名的。

旧时天津的混混儿,也叫"混混""混星子",他们瞥不畏死,讲打讲闹,混一时是一时,自称是"耍人儿的"。他们有组织,没名堂,不劳动,不生产,单凭一膀子力气、一派语言,在社会上立足;有的竟能"成家立业"甚至厕身缙绅之列。但一般人认为他们是"不足齿之伦",敬而远之;官场中行公文,称为"锅匪"。

据李然犀《旧天津的混混儿》一文介绍,混混儿原是反清的秘密社会组织,创始于清初。据说是哥老会的支派,只因年深日久,渐渐忘却根本。事实上他们确是和官府作对,因而设赌包娟、争行夺市、抄手拿佣,表现种种不法行为。但遇有地方公益,有时见义勇为,出人出钱,而且抑强扶弱,打抱不平。

混混儿的组织和设备极为简单,他们在闹中取静的地方,半租半借几间房屋,设立"锅伙"。《清史稿·循吏传》云:"天津民悍好斗,锅伙匪动为地方害。"锅伙只有一铺大炕、一领苇席和一些炊具、桌凳。这个组织在表面上无任何形式，他们却自称"大寨"，首领称"寨主"，实际不过暗藏兵刃，如蜡杆子、花枪、单刀、斧把之类。有事一声呼唤，抄起家伙，便是一场群殴；无事只在里面吃喝盘踞。寨主之下有两三个副寨主，另外聘一个文人暗中策划，称为"军师"。余者概无名称，寨主对于众人一律称为兄弟。入伙的不举行任何形式，没有师徒行辈，只按平日行辈相称。入伙叫作"开逛"，日后因故自动退出的名为"收逛"。有新加入的，当天大家吃一顿捞面，如是而已。加入锅伙的不外是好吃懒做的游惰少年、不守家规的子弟，但也有些受人欺压而被逼上梁山的人，遇机寻衅报复，发泄怨气。

混混儿的穿着与常人不同，入伙时觉得自己了不起，手里稍有几个钱，便穿一身青色裤袄，做一件青洋绉长衣披在身上，不扣纽扣；或者搭在肩上，挎在臂上；腰扎月白洋绉搭包，脚穿蓝布袜子、花鞋；头上发辫续上大绺假发，名叫辫联子，越粗越好，不垂在背后而搭在胸前，有的每个辫花上塞一朵茉莉花。走路也与常人不同，迈左腿，拖右脚，故作伤残之状。因此，当时人称混混儿为"花鞋大辫子"。

天津混混儿虽然是流氓，但不同于一般的流氓。第一个特点是他们具有自残性。他们惹是生非，打架闹事，但主要的手段不是攻击对方，而是伤残自身。当他们在对手面前砸破自己的头颅，截断自己的手臂，挖掉自己的眼珠，而且从容自若不吱一声时，他们就赢得了胜利。《寻衅无赖》《倔强性成》两图对此有所反映。

天津混混儿的第二个特点是宁死也不"栽跟头"。张焘《津门杂记》说混混儿"如被拿到案，极能耐刑，数百笞楚，气不少吁，口不求饶，面不更色。不如是，则谓之摘（栽）跟头，其凶悍如此"。逞强的混混儿被打伤后，叫人用大笸箩或一扇门板抬着，铺盖大红棉被，回去治伤养病。《倔强性成》一图对此也有所反映。

天津混混儿最拿手的本领就是"平地抠饼，白手拿鱼"，做一些讹诈把持的无本生意。他们的敛财之道，大致有如下几种：

一是开设赌局。找一块宽阔的地方，选择几个能干的锅伙，再拨一些打手相助，一个赌局就形成了。每日抽头所得以千百吊计，除了一部分给执事者，其余全供混混儿们吃喝玩乐。

二是抄手拿佣。混混儿们把持行市，硬要进城卖菜的农民将蔬菜全数交给他们，再转卖给行贩。成交之后，他们就向双方收取"佣金"，谁不服从就打谁。

三是庇护妓院。当时妓院的开支，有"大小房钱"之分，"小房钱"是付给房东的佣金，"大房钱"则是交给混混儿的保护费。妓院只有服侍好混混儿，才能做生意。《歌舞台空》一图中，如意茶园的主人就是因为没有服侍好混混儿，所以遭到他们的骚扰。

四是霸占鱼市。用船运至天津的鱼虾，必须经过混混儿之手，让他们得到佣金，再卖给全天津的大小鱼贩。混混儿对鱼市分有疆界，各占一方，其中以陈家沟子、河北梁嘴子、邵家园子几处为最大，被李家、赵家、邵家为首的混混儿所把持。

五是把持粮栈。一般粮行代客买卖，是经过官方许可的合法生意。但是，混混儿常在城郊、乡村或其他偏僻地方，以武力把持粮食的买卖，从中获取不义之财。

六是开张脚行。混混儿常常承揽各种搬运业务，而以极低的代价招来力夫搬运。结果，力夫们用血汗挣来的钱才够糊口，而大量的所得却落入了混混儿的囊中。

七是设点摆渡。旧时天津渡口的摆渡船都是由混混儿控制的。有的是一家独揽，有的是几家合作。每人过河一次虽只一文钱，但常年所得也颇为可观。

八是控制口上。"口上"也称"站口的"，指一种小脚行，只限于给人家短距离抬轿、搬家。这种行当也由混混儿把持着。通常两三条街巷归一个混混儿管，各有地界，不得逾限。

九是拦河取税。混混儿在河中拦绳一道，派专人把守，过往船只须留下买路钱才能通行，违者立即苦打。当年有几句顺口溜儿说："打一套，又一套，陈家沟子娘娘庙，小船要五百，大船要一吊。"即指此事。

十是私铸铜钱。混混儿在荒郊私立铸钱炉，用带砂子的次黄铜铸钱。这些钱私运进城，每三四吊换正式制钱一吊。商人把私铸钱买到手中，掺杂在正式制钱中使用。

清政府对混混儿采取的是既惩治又利用的政策。李鸿章任直隶总督时，认为混混儿中大有人才，曾经提拔一些人做了不小的军官。严惩混混儿的情况也有，《津门杂记》记载："幸蒙前大宪奏准，严定条例，拿获讯明后，照章禀请就地正法。自辛未年以来，曾将锅匪罗仲义、冯春华、魏洛先后处决。又将张庆和、丁乐然站毙立笼。若辈知所儆畏，而此风因之稍戢。"《严办混混》《游街新样》两图对此有所反映。义和团勃兴和八国联军破城后，锅伙的活动不得不有所收敛。20 世纪初，袁世凯任直隶总督后，对混混儿严拿严办，处死了一大批人，锅伙组织和混混儿遭到沉重打击。

　　参见解图 18《津人恶打》、21《严办混混》、30《歌舞台空》、45《寻春无赖》、70《游街新样》、71《倔强性成》、76《童子军》

16. 协盛及天津的茶园

近代的茶园，又称戏园，是具有营业性质的戏曲演出场所，它是将舞台与观众统一在一个建筑体内的室内剧场。舞台是三面敞开的伸出式方台，观众围桌而坐，随聚随散，一边喝茶，一边看戏。有些商贾还在这里谈生意。茶园对入园者只收茶资，不收看戏钱，因为看戏钱已经包括在茶费之内，只不过名目为茶资而已。天津茶园的出现，标志着丰富多彩的天津近代艺术大舞台的初成。

《点石斋画报》有多幅图画描绘了天津的茶园 。如《歌舞台空》中的如意茶园、《余桃泼醋》中的法租界第一茶楼等。《弹丝联响》一图描绘当时天津四大茶园之一的协盛茶园的演出，十分详细。正月新春，该茶园招人演唱各种戏曲杂耍，如拾不闲、莲花落、梨花片、大鼓、五音、相声、双簧等类，夹杂一些小曲、戏法，都很悦耳娱目。其中"弹丝联响"更是绝技。四名演奏者紧挨着坐成一排，第一个人右手弹拨洋琴，左手按捺三弦；第二个人右手弹拨三弦，左手按捺琵琶；第三个人右手弹拨琵琶，左手按捺胡琴；第四个人右手执定胡琴，左手推拉弓子，四人联奏，声音和谐，得心应手，抑扬顿挫。台下喝彩声与台上管乐声声声相应。对于天津近代戏曲、曲艺、杂技、音乐史来说，这幅图是一件珍贵的形象资料。

天津茶园出现于 19 世纪初期，1824 年崔旭撰成的《津门百咏》中，就有"戏园七处赛京城"的诗句。天津开埠以后，商业繁荣，人口陡增，为开创小型娱乐场所提供了必要条件，茶园得以迅速发展。1884 年刊刻的《津门杂记》，就记载了庆芳、金声、协盛、袭胜四大茶园。这四大茶园都建于清同治末年至光绪初年。

《弹丝联响》一图所描绘的协盛茶园坐落于侯家后西首。园内分楼上、楼下，正面均为散座，楼上两侧为包厢，楼下两侧是走廊。1900 年更名为龙海茶园。

近代天津四大茶园的另外三家是：其一，金声茶园，坐落在北门里大街元升园胡同。园内舞台及后台都较窄小，楼上、楼下正面均为散座，楼上两侧为带隔断的包厢。因曾经几易其主，所以茶园也就多次更名为元升、景春、景桂、中天仙、福仙等。其二，庆芳茶园，坐落在东马路袜子胡同，曾用鸣盛、上天仙等园名。其三，袭胜茶园，坐落在北大关金华桥南西侧，曾名西天仙。

关于"四大茶园"，还有两种说法：一说庆芳茶园应为天福楼；一说庆芳茶园应为广庆茶园，如1895年5月29日《直报》载文云："本埠自海氛不靖，协盛、袭胜、金声、广庆四大名园生意大非昔比……"当时政治风云多变，商业竞争激烈，茶园的地位也难免因时而变。

《津门杂记》记载了四大茶园的演出盛况："所有戏班向系轮演，有京二簧，有梆子腔，生、旦、净、丑、色艺俱佳，铙歌曼舞，响遏行云，是足动人观听。每日宾朋满座，尝有雏伶三五成群，周旋座客，秋波流媚，粉腻衣香，旁观者不觉延颈举踵，目光灼灼。昔人有咏官座云：'左右并肩人似玉，满园不向戏台看。'概可想矣。惟座后看白戏者，人数壅塞，环绕如六曲屏山。挥之不去，致足厌也。各班角色，聚散靡恒，不能备载。"茶园的兴起，促进了天津戏曲活动的繁荣，而戏曲名角在茶园的演出，反过来又激发了茶园的兴盛。

对天津茶园演出的一些节目的消极作用，《津门杂记》也有披露与批评："津门茶肆，每于岁底新正，添设杂耍，招徕生意。其名目有弦子书、大鼓书、京子弟、八角鼓、相声、时新小曲等类。茶钱不过三五十文，小住为佳，亦足以消闲遣兴。但时新小曲有如《蓝桥会》《十朵花》《新五更》《妓女自叹》《妈母好糊途》等牌名，皆淫亵粗鄙之词，留枕窥帘，铺排任口，断云零雨，摹拟尽情，未免少年情窦已开、血气未定者，易于疑惑耳。更有两人合唱者，作为一男一女，彼即自居巾帼，不特淫声入耳，绝类妖鬟，抑且眼角含情，一如荡妇，诚朴者为之颜厚，轻狷者为之神驰。其引逗弟子，害有不可胜言者。"

继四大茶园后，商业发达的河北大街、侯家后、东北角一带兴建、改建了一批茶园，如绘芳茶园、天桂茶园、大观茶园、天升茶园、三德轩等。

参见解图30《歌舞台空》、68《余桃泼醋》、75《弹丝联响》

17. 灾害和疫病

1884 年至 1898 年，是天津自然灾害频繁、疫病流行的时期。《点石斋画报》对这些灾害和疫病有直接或间接的反映。

《悉力捕蝗》一图描写的是旱灾和蝗灾：1885 年，由于降雨过多，南方数省均遭水患，而北方又遇大旱。宝坻县一带从四月末到五月初蝗虫遍地，庄稼损失严重。虽然乡民尽力捕捉，也难以除灭。后来下了雨，蝗虫随即死去。

天津历来是蝗灾的频发区，明代以后蝗灾发生的次数越来越多，明清两代有记载的蝗灾为 49 次，重灾 8 次。例如在 1591 年，史书记载"天津县夏蝗飞蔽天，声如雷雨，食苗殆尽"。明代著名科学家徐光启于 1630 年曾向皇帝上了一份治蝗疏，总结了明以前蝗灾记载和治蝗经验，提出了大力捕杀蝗虫的主张。徐光启在此之前曾三次到天津屯田，从事农业科学研究。他在治蝗疏中列举蝗虫生活习性、当事捕治、先事消弭、后事蓟除及备蝗杂法。他还提出农业防除法：改旱田为水田，因为水田从防蝗角度比旱田强许多；移民垦荒，因为开垦荒田能减少蝗灾损失；改种蝗虫不食的作物，如绿豆、豌豆、豇豆、大麻、苘麻、芝麻、薯芋，用躲避法来对付蝗虫；结合田间管理进行翻种，因为翻种可以将蝗子从深土中翻出。这是一套完整的蝗灾防治办法，很有科学道理。

医学研究证明，蝗虫虽然给人类带来深重的灾难，但也有对人类有益的一面，如天津地区最常见的"关公脸、黑背、红马褂"的东亚飞蝗，体内富含蛋白质、多种维生素和矿物质，可鲜用或干用入药，主要用于治疗百日咳、支气管哮喘、小儿惊风、咽喉肿痛、疹出不畅、中耳炎、菌痢、肠炎等。天津人习惯将蝗虫油炸后吃掉，非常符合食疗保健的原理。清代名士周楚良有竹枝词："满子呼来蚂蚱香，醋烹油炸费葱姜。不须刘猛将军捕，食尽蝗虫保一方。"清末《津门纪略》记载的民间著名食品中，就有鼓楼北于十的油炸蚂蚱。清末民初，天津风味菜馆出售的油炸蚂蚱做工精细，水焯晾干，油炸后脆香可口，葱花味浓，酱汁讲究，汁匀料足，多作为应时酒菜上桌，为佐酒名品。秋季前后，蚂蚱产子之前肉肥味美。这时节，天津街头售卖油炸蚂蚱的食摊极多，人们将它们夹大饼食用，味道非常鲜美。因此，天津卫留下了一句歇后语："大饼卷蚂蚱——家（夹）吃去吧！"

《海啸淹军》一图描写的是海啸：由于日军挑衅，某军门率数千名将士在天津海口扎营设防。四月初的一天夜里，忽然发生海啸，滔滔汩汩，来势凶猛。军门以为是暴雨，命令将士不得妄动。谁知水势越来越猛，将军械火药全都冲没，很多兵士也随波逐流。军门至此才知海啸成灾，急忙命令拔营撤退。兵士在洪涛巨浪里仓皇逃命。即使这样，很多人还是被淹死了。

1895 年，天津沿海发生了一次海啸（实际为风暴潮），浪高六七丈，同时连降大雨数天，沿海地区受灾惨重，咸水沽、葛沽一带成为泽国。直隶总督王文韶在灾情发生后的次日即四月初六日（4 月 30 日）上奏："天津一带，自初三日（4 月 27 日）风雨交作，至初四日（4 月 28 日）风力益狂，雨势益猛，连宵达旦，无少休息。初五日（4 月 29 日）寅卯间，海水岔涌，有同海啸，驻扎新河之吴宏洛六营……四营……同时被淹。营墙内外，平地水深四五尺，人马逃避不及者淹毙不少，尚未查明确数。新河距大沽二十余里，距北沽三十余里，铁路被海水冲断，自京至芦台、山海关火车不通。各路电线距津里外皆不能达。"第二份奏报时间为四月初八日（5 月 2 日），内容为直隶总督派员前往双井等处行营往探，并得到行营函称："各营计被水淹没勇夫六七十名，士夫及贸易人等约一百三四十名。马匹亦淹毙甚多。"第三份奏报为四月十六日（5 月 10 日），主要内容为："按营查点，共淹毙勇丁实系四十七名，长夫士夫及贸易人等共一百三十四名，均已备棺掩埋。淹毙马二十三匹。"灾害发生三个多月后，王文韶又上奏第四份奏报，所报的灾情是普通百姓的损失情况，主要是船户。

《借赈索贿》一图反映的是在灾民流离，困苦待哺的情况下，却有人借放赈图财，趁火打劫。这是对灾害的间接描写。

《罚令换水》《八月过年》《女巫惑世》反映的都是天津疫病流行时人们的表现。《罚令换水》描写疫病流行时，同文堂一个刻字匠误听谣言，说用柴胡、管仲浸泡在水缸里可以治病，并且功效神速。于是他抄下这个方子在梁家嘴一带传播。可他不知这两味药性主疏散，喝了这样的水往往吐泻。有一位张学究很气愤，想控告这个刻字匠，经旁人调解，罚刻字匠为每家挑换新水，并偿还每家药费八十文，才算了事。《八月过年》描写疫病流行，一旦传染上朝发夕死，名医也束手无策。天津传染上病的人很多，每天都死人。有人说过了元旦便可高枕无忧，人们信以为真，越传越凶，举国若狂,于是将八月一日改为元旦(大年初一),家家喝酒、贴桃符、燃放爆竹,人们都穿上新衣服,见面互相拜年,真像过年一样。《女巫惑世》则描写东大沽后街有个女巫,装神弄鬼,祈祷事物似乎很灵验。受她迷惑的人很多,都把她视为活神仙。各处疫病大起,女巫就到处宣传:"天要降瘟疫于东沽一带,只有我可以配平安药水治病,否则必死无疑。"人们不明真相,争着求她买药。一名军将也来祈祷求药,还出资修葺她的住所,以壮观瞻。

这几幅图画在说明一些人在疫病面前表现出十分愚昧的同时,也说明疫情确实非常严重,令人惶恐。《沽水旧闻》记载了比这晚几年的庚子战役后一场大疫的情况:"是年之疫,为津门空前之灾,饮冷水者死,食瓜果者死,食菜蔬者死,食虾蟹者死;医生视疾,诊视未毕,而医者死;抬埋者,棺未及茔,而荷者毙。全津之棺,为之一空;士大夫以藁葬者,颇不乏人。"面对这种难以控制的疫情,刻字匠、女巫的话自然会有市场,八月过年也是无可奈何之事。

参见解图 13《悉力捕蝗》、27《罚令换水》、56《八月过年》、61《女巫惑世》、89《借赈索贿》、93《海啸淹军》

18. 活人出殡

《点石斋画报》描绘天津出殡和殡宫的图画有多幅，从中可见当时天津丧葬的习俗。

丐头不过是乞丐中的头儿，竟也仿效奢侈。《丐头出殡》一图描写天津有一个丐头，平时游手好闲，但能雄霸一方。他病死后，群丐为他大办丧事，聚资请来僧道仪仗，后面丐子丐孙麻衣如雪，执绋步行，多达百余人。沿街还设有路祭，其排场比得上达官贵人。只是这些乞丐的衣服还是那么蓝缕龌龊，脸色还是那么黝黑。观看出殡的人很多，无不嗤之以鼻。丐头出殡如此排场，大户人家的殡宫更是气派。《草偶显灵》一图描写天津梁氏营造墓田，极其奢侈，旁边还建有房舍，也很宏伟。

更有意思的是活人怕身后寂寞而进行出殡演习。《生前出殡》一图描写了天津河东蓝氏老妇人提前出殡的荒诞闹剧。蓝氏为武科世家，老妇人早年丧夫，膝下只有一个养子，素行无赖，让养母不高兴。老妇人年逾七旬，棺椁衣衾都已准备好，就怕死后养子将她草草下葬，会被亲戚朋友看不起，于是自择吉日，在十一月初五这一天提前出殡，伞扇旗锣齐备，她乘着八抬绿呢大轿招摇过市，游遍河东街一带，数十位亲朋为之"送葬"。见到的人无不称奇。《吴友如画宝·古今谈丛图》中也有一幅《生前出殡》图，描写天津某妇人早年丧夫，膝下只有一个养子，辛勤教养。谁知养子长大后又嫖又赌，让养母很不高兴。她怕死后养子将她草草下葬，就准备好棺椁衣衾，卜得坟地，乘着八抬绿呢大轿亲临坟地。一路上旗幡拥后，鼓乐导前，请来亲戚为她执绋。听说这个妇人有五十岁左右。这两幅《生前出殡》图虽然在内容上有所出入，但基本可以判定描写的是同一件事。

从一些历史资料看，活人出殡在清末天津并不是个别现象。据《沽水旧闻》记载，葛沽禀生刘希宪，字道原，喜作八分书，以鬻字为生。他曾为李鸿章写过寿联，得金五百，因此恃联讹索，使人恶而畏之。刘希宪无子，算命的告诉他活不过七十三岁，他深信不疑，于是在七十二岁时自出生殡，乘着轿子招摇过市。待到七十三岁，他却没有死，于是大发善念，每日所得尽数赠给穷人，因此不管他走到哪里，都有很多追随者。进入民国后，他才去世。旧时天津民间认为七十三、八十四是人生大限，刘希宪煞费苦心而终能顺利过"槛儿",亦悲亦喜。

　　"不论商贾与平民,每遇婚丧百事陈。箫鼓喧阗车马盛,衣冠职事一时新。"王韬徽的这首诗(附于《津门杂记》)道出了旧时天津极尽奢侈出大殡的风气。据《津门杂记》记载:"津郡每遇丧事,辄高搭卷棚,门竖牌楼,开丧受吊。虽在平民,其气象居然大家。每七,延请僧道礼忏诵经。尤重出殡之举,穷奢极侈,过分越礼,且隆而重之曰大殡。前用銮驾半副,黄亭两座。次则官衔执事百余对。开道锣、清道旗、闹丧鼓,依序而行。然后炉亭、香亭、影亭、灵亭、彩幡、伞盖、朝服鲜花、僧道行香、魂轿、魂幡、铭旌等事。送殡亲友相间徐行,一路长吹细乐。香盘提炉,对马旗枪,不下数百人,最后引路神童。玻璃绣金高杠棺罩,以数十人昪之而行,其后则送丧车轿多至十数乘……一切费用,恒有糜千金者。殷富之户尚不足深惜,其左支右绌、东挪西移者,亦难以屈指计,谓不如是不足为宗族交游光宠……"因此,自出生殡满足了提前"享受"身后奢靡的愿望。这样的活人出殡,既是对人力、财力的浪费,又是对生命尊严的嘲弄,实属陋俗。

　　参见解图 53《丐头出殡》、65《生前出殡》、92《草偶显灵》、附图 5《生前出殡》

19. 天津人祭灶

　　《点石斋画报》中有一幅《祀灶采风》图，描写腊月二十三日天津人祭灶的情景。人们认为东厨司命尊神当在这天上九霄奏报人间善恶，于是焚香膜拜以送神，在院里口中喃喃念诵"上天言好事，回宫送吉祥"，求神呵护，并且供奉饴糖等食品，使其不能开口说恶话。文字作者认为天津祭祀灶神之风颇可笑，这种做法"已大失古人祀灶之遗意"，"愚而可笑，莫甚于此"。

　　中国的春节，一般是从祭灶揭开序幕的。民谣中"二十三，糖瓜粘"指的即是每年腊月二十三或二十四日的祭灶。祭灶有所谓"官三民四船家五"的说法，也就是官府在腊月二十三日，一般民家在二十四日，水上人家则在二十五日。也有一种说法，即北方人多在腊月二十三祭灶，而南方人则多在腊月二十四祭灶。天津民间称祭灶之日为"过小年"，并且有从腊月二十四变为二十三的过程。清代康熙时沿明代《天津三卫志》成书的《天津卫志》，以及纂于清代乾隆时的《天津县志》，都记载天津腊月二十四祭灶；直到清代咸丰、同治年间，天津人才普遍在腊月二十三祭灶。

　　旧时，家中灶间通常都设有"灶王爷"神位，人们称其为"司命菩萨"或"灶君司命"。传说他是玉皇大帝封的"九天东厨司命灶王府君"，负责管理各家的灶火，被当作一家的保护神而受到崇拜。旧时天津、北京、苏州等地还都建有"灶君庙"或"皂君殿"。家中的灶王龛大都设在灶房的北面或东面，中间供上灶王爷的神像。没有灶王龛的人家，也有将神像直接贴在墙上的。有的神像只画灶王爷一人，有的则有男女两人，女神被称为"灶王奶奶"。这大概是模仿人间夫妇的形象。也有三头灶，即灶王爷和他的妻妾。灶王爷像上大都还印有这一年的日历，上书"东厨司命主""人间监察神""一家之主"等文字，以表明灶神的地位。两旁贴上"上天言好事，下界保平安"的对联，以保佑全家老小的平安。

　　灶王爷自上一年的除夕以来就一直留在家中，以保护和监察一家。到了腊月二十三日灶王爷便要升天，向玉皇大帝汇报这一家人的善行或恶行，送灶神的仪式称为"送灶"或"辞灶"。玉皇大帝根据灶王爷的汇报，再将这一家在新的一年中应该得到的吉凶祸福的命运交于灶王爷之手。到旧历除夕，家家户户再把新买来的灶王爷像贴好，就算是又把灶王爷迎回来了。因此，对一家人来说，灶王爷的汇报极为重要。《津门杂记》附有天津王敬熙的《祭灶》诗："爆竹声中笑语哗，今宵祀灶遍家家。一年一奏人间事，天网如何尚有差。"

送灶，多在入夜之时举行。一家人先到灶房，摆上桌子，向设在灶壁神龛中的灶王爷敬香，并供上用饴糖和面做成的糖瓜等。北方的风俗是"女不祭灶，男不拜月"，所以祭灶这天只有男人可以焚香叩拜。用饴糖供奉灶王爷，是让他甜甜嘴。糖瓜是用饴糖作成的瓜状糖球，有大有小，大的如小西瓜。有的地方，还将糖涂在灶王爷嘴的四周，边涂边说："好话多说，不好话别说。"这是用糖塞住灶王爷的嘴，让他别说坏话。人们用糖涂完灶王爷的嘴后，便将神像揭下焚烧，和纸与烟一起升天了。有的地方则是晚上在院子里堆上芝麻秸和松树枝，再将供了一年的灶君像请出神龛，连同纸马和草料点火焚烧。院子被火照得通明，此时一家人围着火叩头，边烧边祷告："今年又到二十三，敬送灶君上西天。有壮马，有草料，一路顺风平安到。供的糖瓜甜又甜，请对玉皇进好言。"传说灶王爷是从每家的烟道里上天的，因此天津一些有钱人家在房顶上将烟道的出烟口做成一个小宝塔，雕刻上精美的图案，并且将塔身设计成"门"的形状。

至于《祀灶采风》图的文字作者认为天津祭祀灶神"已大失古人祀灶之遗意"，"愚而可笑，莫甚于此"，可能指的是天津人供奉饴糖等食品，使灶神不能开口说恶话这种做法。唐代诗人陆龟蒙曾写过《祀灶解》，批评这种活动"行之惑耶"。不过汉代是用鸡祭灶王，班固《白虎通》中言祭"户以羊，灶以鸡"，宋代诗人范成大的《祭灶词》中有"猪头烂熟双鱼鲜"之句，说明古代用荤品祭灶。此外，古代祭灶是在夏天，《白虎通》中言"夏祭灶，灶者火之主，人所以自养也"。及至清末，苏州一带还有六月逢四谢灶的祭礼仪式。虽然这种活动是在自欺欺"神"，但是充分显露出百姓求安宁、求吉祥的心态。

参见解图 66《祀灶采风》

20. 天津的钱帖

　　不同于宋代以来发行的各种纸币，这里所说的"钱帖（钱票）"专指旧时能够兑换现钱的纸券。钱帖解决了制钱携带的不便，由钱店（钱铺、钱庄、钱局）发行，在民间使用，政府一般不予干预。近代天津商品经济十分发达，钱帖也比较流行。

　　据 1934 年出版的戴愚庵所著《沽水旧闻》记载，钱帖按帖面数额分为 12 种，最大者百吊（每吊合小铜元 48 枚），以下分五十吊、三十吊、二十五吊、十吊、五吊、三吊、二吊、一吊、五百、二百五十、二百各等。钱帖的制作方法比钞票复杂，先将毛头纸裁成长方条，再由专门书写钱帖的人书写钱数。每种无论书写多少张，笔画长短要一致，就像一张一样，而且他人不能模仿，也算是一门绝技。帖面除钱数、日月外，还有一个编码。中央盖着一方闲文铜印，印文多用古文，如《赤壁赋》《出师表》等，字体极小而笔画清朗。此外还盖有钱店地址章、年号章、对封章、方长字号章各一方。

　　对于广大持帖者来说，最关心的是钱帖的信誉。据 1884 年刊刻的张焘所著《津门杂记》记载，清末曾经规定每开一家钱铺，必须由五家殷实钱铺联保，但是议论了很多年也没有真正落实。那些不是殷实钱铺发行的钱帖，都叫"外行帖"，信誉度要差得多。还有些钱铺根本就没有多少本钱，全靠发行钱帖来周转资金，无法偿还的时候就关门谢客，人称"荒钱铺"。这类钱铺坑人不浅，所以人们都不敢久藏钱帖。但当兑换现钱时，钱铺又常常在每串钱中掺和一些小钱进去，还是赚了一笔。所谓小钱，指一种铜铅锡合金，成色不纯，重量不足，形小而薄的劣钱。历来封建政府虽明令禁止，但由于鸦片战争后银贵钱贱更趋严重，使社会上流通的制钱不敷使用，民间只好将官铸制钱重行熔化，铸成更多的小钱充用，造成私铸之风更盛于前。天津是北方重要商业城市，货币流通频繁，因而小钱更加泛滥。市场上，铺户、居民不愿使用，买卖双方经常为此争吵闹事。

　　钱帖一年四季通用，但也有一种"红钱帖"，又叫"红帖"，专为春节送礼而用。因天津过年忌讳白色，钱店就发行了这种用水红色毛边纸制作的"红帖"，取其颜色吉祥。这种钱帖往往数额不大，到亲友家拜年时赠给儿童当压岁钱,既经济又方便。只是"红帖"兑现时十分麻烦,常常受到一些钱行的刁难,仅能兑现百分之八十。但是持帖者认为反正也是白得的,所以并不过分计较。但也确有无处兑现的死帖,老百姓称为"转城号"。因为当时天津钱店绝大多数叫某某号,死帖是持帖者绕着城四面转一圈儿,也找不到帖上印的字号,故称"转城号"。

《点石斋画报》中的《借赈索贿》一图,描绘的就是一件发生在天津的利用死帖诈骗的史实。1894 年秋天,在灾民流离、困苦待哺的情况下,却有八个骗子趁火打劫,打着官方的旗号,到离天津城西 40 里的大滩村以放赈为名骗钱。他们也不查对户口,就宣布先给大户每户五百文钱,小户每户二百五十文钱。可怜的贫困户们以为遇到了救星,闻风而至。骗子们让贫困户每户先交五百文钱,然后才能登记。贫困户们凑了钱交给他们,他们给贫困户开了到杨柳青领钱的钱帖。有人发现破绽,立即让领赈的贫困户拿着钱帖到杨柳青兑现,发现果然是假的,于是全村人一起找骗子们算账。那八个骗子已经跑了六个,只抓到了两人,转送县署究办。

当时天津专门有一类人靠吃死帖骗人发财。1901 年袁世凯任直隶总督后下令严禁,这股歪风才被刹住。

参见解图 89《借赈索贿》

21. 天津的绣花鞋

《点石斋画报》中有一幅《凤化凫飞》图，描写天津有个妇人十分美艳，裙下双足更是令人销魂。她喜欢在热闹的场合卖弄风骚。一天，金家窑同善火会有戏上演，名班登台，她就雇了一辆车前来观看。在停车的地方，几个恶少见她穿的凤头鞋制作精巧、光彩夺目，就猛然脱下她一只鞋，往来抛掷，哄抢戏耍。观众都不再看戏，争相传看这只凤头鞋，喝彩声超过名角登场献艺。

有人将抢鞋称为"采莲"，实是"金莲时代"的一种恶习。据《沽水旧闻》记载："混混中之习下流者，每于歌儿上台时，要之于途，采莲瓣去，用博路人一粲。"因此歌儿做鞋时，往往要同时做三双，这样纵遭采莲之劫也还能登台演出。

近代天津的绣花鞋不仅在本埠拥有众多的迷恋者，而且闻名全国。1878年5月22日《申报》发表《说习》一文，记述当时上海人竞相以穿仿自北京优伶的浅色之衣，着天津制绣花鞋为时尚的风气道："若一衫、一履、一扇、一带，亦均嫌故态之不入时，而相率学步……浅色之衣，始行于京都，而讲求又莫过于梨园，今蜜色、竹根青之衣，相属于道，反置天青、深蓝于无用。又如鞋铺之花样百款俱备，而惟天津是尚，履之不厌其丑。尝于洋场四围遍数行人，着花鞋者十之七八，凡云头锻帮，或双梁靴尖，则十之二三，甚而五六十岁之老人，亦如是趋时好异，则翩翩少年美姿容而日游罗绮丛中者，更不待言矣。"由此可见，穿天津绣花鞋是上海人的一大时尚。

由于天津是繁华商埠，天津的绣花鞋融合了全国各地的样式和做工。从样子设计上看，天津的绣花鞋虽然没有南方鞋精致小巧，但刺绣却古朴端庄。当时的妇女基本都不外出劳动，在家里除了日常生活外，就是做鞋面。妇女之间经常会相互比较自己的鞋的花式。据天津清代服饰收藏家何志华介绍，当时天津的一些有钱人家有"一日三开箱"的说法，就是妇女一天要换几次鞋。比如清晨穿的鞋，上面绣的花是含苞待放的，到了下午再看，鞋面上的花已经是完全开放了。

当时天津成了中国的"莲中心"，这里汇集了天下的小鞋，无论南方北方，各式各样的小鞋在天津都能找得到。何志华家中收藏了图案各异的小鞋，有结婚时穿的龙凤呈祥图案，有石榴花图案，有桃子图案。面料也是各种各样，有绸缎的，有布面的，还有一双是用油布做的，可以起到防雨水作用。此外，还有已婚妇女穿的同一只鞋左右两面着色不同的鸳鸯履、鞋内暗藏香料的贮香鞋、睡觉时穿的猩红面的软底睡鞋，以及莲花底、梅花底的小鞋。有这么多种鞋的主要原因是，妇女一旦缠上小脚，一辈子就不能离开小鞋了，无论是做饭还是睡觉，脚不离鞋，鞋不离脚，鞋成了她们生活的影子。另外，由于小鞋的鞋底都是向上弯曲的，又被称为弓鞋，所以还出现了一种在鞋底弯曲处安置小金铃的金铃鞋，行走时叮当有声，人未出现，"清韵"先闻。

参见解图 31《凤化凫飞》

22. 侯家后的妓院

　　《点石斋画报》中有一幅《寻春无赖》图，描写的是以烟花柳巷闻名的天津侯家后。一天，妓院里来了几个少年，群妓以为财神到了，就一拥而上，争相献媚。甲某是色中饿鬼，馋涎欲滴，看上一个妓女，拉住不放，这个妓女不答应他，大家也一起嘲笑他。甲某恼羞成怒，大声咆哮，挥拳将厅内家具摆设乱砸一气，还用碎瓷片划破自己的头，霎时鲜血淋漓。龟奴见势不妙，忙鞠躬赔礼，让妓女好言相劝，陪他过夜。事情才算平息。

　　侯家后的繁华，是近代天津繁华的缩影；侯家后的妓院，也是近代天津妓院的缩影。戴愚庵著《沽水旧闻》中有《侯家后掌故》一条，描述了侯家后的繁华："在昔天津幅员虽广，名胜仅三：曰鼓楼，曰炮台，曰铃铛阁，俗谓天津卫三宗宝是也。风景一，水西庄是也。繁荣区域一，侯家后是也。庚子先，津中除三五名街外，朴野如乡村，决非今人所能拟料者。独侯家后一区，繁华景象，又非今日之所有。该地商号麕集，歌管楼台相望。琵琶门巷，丛集如薮。斜阳甫淡，灯火万家。鞭丝帽影，纸醉金迷。其地开辟之早，为津门各地之始。自元时即有人家……"《定时炮与闭城炮》记载："甲午后，李鸿章督直，设定时炮一种，报知时刻用也……又设闭城小铁炮，夜八钟响第一声，关城门左扇，留一扇出入。至九钟，响第二声，俗称二炮，则右扇亦闭矣。至是则行人断绝。灯火未息处，仅侯家后一带耳。"可见侯家后是当时天津夜生活的中心，而这种夜生活的状态是"纸醉金迷"。

　　《沽水旧闻》中还有一条《黄瞎与周麻赛富》，记载光绪年间天津的两个盐商巨富黄瞎与周麻，为捧名妓小脚金，在侯家后妓院赛富。"金为犯官某侍郎女孙，善诗歌，娴绘事，尤擅长八比之学……皮黄学余三胜酷肖，余如吹弹博奕（弈）诸艺，罔不精湛。黄周二人，对金之使钱用情，无不入微，金均一笑付之。金有癖，凡章台走马之士，非具才情色艺者，不能刮目视。以故黄周二人，所费各巨万，魂销真个未能也。一日……黄周各乘肩舆往……金喜多金虚与委蛇之，不敢以貌寝废也。黄之不得畅所欲，以为周阻，周亦如之，实则二公之尊范，非美人所敢承教者。周以天雨为辞，大摆筵宴，邀友数十，广征名花，当筵奏曲，费数千金。黄以为辱，如其所为而倍之，合花酒之费赏万金。时已醉，谓今夜无钱，明晨发付。金曰：'奴已代偿之矣。君醉，且归体（休）；留君，恐娘子泼醋也。'黄临行曰：'债则欠，不可以无质。'脱其绵两当下。金却之不可，姑留之，黄去。周哂之，谓金曰：'无真钱而摆阔，徒取辱耳。'金曰：'否。黄既以两当为质，当有故。'既经审查，十三太保之铜钮，内孕精园（圆）巨珠十三颗，值五万金。拆其线，所续非绵，乃百千一纸之钱帖。金扫数取出，一一数之，合银四万余两。周见而馁，不敢作留髡之想，声言更衣，乘肩舆草草而去。"黄瞎与周麻赛富之事，说明侯家后"销金锅子"之称名副其实。

关于侯家后妓院的具体情况，张焘著《津门杂记》中有记载："北门外侯家后一带为妓馆丛集之处。其龟鸨曰掌柜。假母曰领家，领家住处曰良房。指引桃源之人曰跑洋河者。稍佳之处曰大地方。次者曰小地方，价亦稍逊，人地多半不洁，春风几度，最易染毒。每当客到，男仆相迎，让客归座，即高挑帘栊，大呼见客。随见花枝招展，燕瘦环肥，珊珊（姗姗）而来者几目不暇给矣。或选中某妓，开烟盘，打茶围，名曰坐过，收夜度资之一半也。客有故称不中意而走者，谓之打糠灯。每晚游人甚夥，东出西进，彼往此来。营伍中人居多，人称大裤脚，间有以打糠灯为事者，且款待稍疏，即大肆咆哮。又有各项索陋规者，按图索骥，应接颇形不暇，因时见争吵等事。此外又有大小房钱之别，小房钱以给房东，大房钱则给诸无赖，即俗所谓混星子。如遇花丛荆棘，与醋海风波者，一告混星子，则擦掌磨拳前来报复，俨然以护花铃自居也……"

清末张春帆（漱六山房）所作长篇小说《九尾龟》，被称为"嫖界的指南，花丛的历史"，其中就有对天津侯家后妓院详细的描写：

"原来天津地方的侯家后，就像上海的四马路一般，无数的窑子，都聚在侯家后一处地方。更兼天津地方的嫖场规则和上海大不相同：上海地方把妓女叫作倌人，天津却把妓女叫作姑娘；上海的妓院叫作堂子，天津却把妓院叫作窑子。窑子里头又分出许多名目，都叫作什么班什么班，就如那优人唱戏的班子一般。班子里头的姑娘，都是北边人的，就叫作北班；班子里头都是南边人的，就叫作南班。南班和北班比较起来又是大同小异：到北班里头打个茶围，要两块钱；到南班去打茶围，却只消一块钱。那怕你一天去上十趟，打上十个茶围，就要十次茶围的钱，一个都不能短少。南班里头吃酒碰和都是十六块钱，住夜是六块钱；北班里头的碰和也是十六块钱，吃酒却要二十二块钱，住夜是五两银子。叫局不论南班北班，都是五块钱。请倌人出局，只要三块钱。若是没有去过的生客走进窑子里头去，合班的姑娘都要出来见客，凭着客人自己拣择。拣中了那个姑娘，就到他房间里头去打个茶围。万一那个客人眼界甚高，一个都拣不中，尘土不沾，立起身来便走，也不要他花一个大钱。住夜的客人不必定要碰和吃酒，碰和吃酒的客人也不必定要住夜。住一夜是一夜的钱，住十夜是十夜的钱，很有些像那上海么二堂子里头的规矩……

"闲话休提。只说章秋谷同着金观察到了侯家后宝华班内。金观察领着章秋谷走到一个房间里头坐下。秋谷举目看时，见房间里头的陈设也和上海差不多：墙壁上挂着许多的单条字画；正中向外放着一架红木床，挂着熟罗帐子；两旁也摆着两口红木衣橱……

"却说金观察同着章秋谷到侯家后宝华班，走进一间房内坐下。不多一刻，早见一个十七八岁的淡妆女子款款走了进来，轻启朱唇，对着金观察，叫了一声'金大人'，回转头来，向着秋谷一笑，口中问道：'格位老爷贵姓？'金观察便对他说道：'这位老爷姓章，今天从上海到的。'又指着那女子的脸，对秋谷道：'这个就是我招呼的，名叫金兰。你看怎么样？'原来北边班子里头的规例，客人做了姑娘，就说某老爷招呼某姑娘，大家都是这般说法，没有什么做与不做的，和上海的名目不同。

"只说章秋谷听了金观察的话，便抬起头来细细的把金兰打量一番：只见他身上穿着一身白罗衣裤，下面衬着一双湖色挑绣弓鞋。头上挽着一个时新宝髻，刷着一圈二寸多长的刘海发，带一支翡翠押发。那一身妆饰，和上海的样儿也差不多。再往脸上看时，只见他脂粉不施，铅华不御，两道淡淡的蛾眉，一双盈盈的杏眼，虽然没有十分姿态，却也生得轻盈柔媚，尽足动人。说起话来，一口的上海白，不像苏州人的口音。秋谷看了点一点头，对金观察道：'老表伯的眼力着实厉害，这个贵相知生得果然不错。'金观察听了，心上甚是得意，拈着几根胡子，哈哈的笑道：'你不要作违心之论，有意面谀。你们在上海玩惯的人，那里看得上这般人物！'秋谷也笑道：'那倒不是这般讲法。上海的倌人也不见得个个都是好的，天津的倌人也不见得个个都是坏的。记得几年之前，小侄到过天津一次，见过几个倌人，色艺都狠不错。可惜如今都不知那里去了。就是上海那几个有名的红倌人，林黛玉、张书玉、顾兰荪等，也都到天津做过生意。'

"……且说章秋谷接过扇子来看了一看，便递给那位言立身言主政，让他来点。言主政也不肯点，大家推让了一回，公点了一出《朱砂痣》。金兰唱毕，接着云兰也唱了一出《黄金台》。叫的局已经来了几个。金兰又斟了一巡酒，便向金观察告一个假，走了出去。

"看官，你道什么叫做告假？在下做书的在上海烟花队里整整的混了十年，从来没有见过倌人要向客人告假的。原来这个告假，也是北边窑子里头的规矩。客人们叫倌人的局，那倌人直要等到大家散席，方才可以告退。若是遇着有别人叫局，或者有人在他院中吃酒碰和，便在那叫局的客人面前告一个假，到别处去打个转身，再来应酬。甚至叫一个局有连告好几次假的。金观察虽然没有叫局，却照例吃酒的时候有个台面局的，所以金兰照着叫局的规条，向金观察告假。在下做书的写到此间，就有个老于上海的朋友驳斥在下的说话道：'你这句话儿错了。要是照着你的说话，倌人出来应局，直要等到大家散席方可脱身，遇着有别人叫局，又要向客人告假。万一个天津的倌人也和上海的倌人一般，一天里头出上二三十个局，甚至四五十个局的都有，要是一个一个都要向客人告起假来，那里告得尽许多？那些倌人又怎样的分身得开？难道真个像《西游记》上孙猴子一般，当真有什么分身法不成？'在下听了笑道：'你的说话虽然有理，却还没有知道这里头的实在情形。天津地方的带局比不得上海，止要一块钱，可以一转眼的工夫立起身来就走。在天津叫一个局，足足的要五块钱，又大半都是现钱，没有什么赊账的。若要叫一个局不给现钱，一定要是向来要好的熟客方才办得到。这个里头也有一个道理。倌人应局的规例，不论什么地方，除了叫到戏馆和叫到自家公馆之外，一概都要出一块钱的坐场钱，和苏州的叫局规则一般。不过苏州规矩，只有在堂子里头叫局方才要出坐场的钱，酒馆、大菜馆都没有的。天津的大菜馆和酒馆也是这般。那班倌人出来应一个局，若是客人赊账，就要自己贴掉一块钱。所以天津倌人每逢有素不相识的人叫他的局，多半是推托不去。就算是勉强去了，也一定要当面向他讨钱。那里像上海的这般模样，出一个局一古脑儿只有一块钱，还要大家赊账。若是一两个局，就是漂了，也不能算漂账。彼此的情形不同。如此自然天津倌人的局少，上海倌人的局多了。上海的红倌人，一夜工夫竟有出五六十个局的；天津的倌人，就是天字第一号头等名角，一夜工夫至多也不过出上六七八个局。你没有到过天津，不懂那边窑子的情形，只拿着上海堂子里头的情形来两边印证，自然觉得大大的不合了。'那位老上海听了在下这一番滔滔滚滚的说话，方才俯首无言，走过一边去了。

"闲话休提。只说云兰见金兰告假走了，也向秋谷告一个假，走了出去。便有几个本班的倌人走进房来，应酬台面。应酬了一回，这几个走了出去，又换了几个进来。原来天津那些班子里头的姑娘好像上海么二堂子的倌人一般，不是捆账伙计，就是分账伙计，再不然就是老鸨的讨人，从没有一个人是自己身体的。那班子里头也没有什么包房间做伙计的名目。合班的倌人不论红的黑的，大的小的，都要听老鸨的节制号令。就是那个时候的林黛玉、张书玉到天津做生意，也是包账伙计，算不得自己身体。那第一天进门的时候，一般的也要向着老鸨叩头。所以天津窑子的倌人，大家都是混在一起的：你的客人我也可以应酬，我的客人你也可以陪待，分不出什么界限……"

通过这些描述可以看出，清末天津侯家后妓院有一套成熟而完整的"游戏规则"，即使是"在上海烟花队里整整的混了十年"的人也感到新奇。

1900 年后，随着天津商业娱乐业中心的逐渐南移，南市和租界内的一些地区成为妓院云集之处，侯家后妓院的繁华便烟消云散了。

参见解图 45《寻春无赖》

23. 紫竹林"禁妓"

  《点石斋画报》中有一幅《嗔莺叱燕》图,描写天津紫竹林租界"禁妓"的情况。题款大意为:紫竹林一带为莺莺燕燕藏娇之所、公子王孙寻欢之处。驻扎该处的各国领事厌恶妓女冶容诲淫,最近致函津海关道,请求予以驱逐。刘观察饬令严办,当时就拿获妓女多名,将她们的房屋一律封存。从此,这里笙歌艳曲、倚门卖笑的现象有所收敛。

  19世纪80年代,紫竹林英、法租界建设颇具规模,人口密集,经济繁荣,大批妓女也蜂拥而至。据光绪十一年(1885)九月十二日《申报》报道:"东洋妓女之至津者滥觞于去岁,花枝之雨,时招展于法国租界中,曾经租界委员会禀明津海关道,照会日本领事,驱逐出境。时在冻河期内,日本领事许以春融时节驱令遄归;距今年自春徂秋,胁娼如故,而且日新月盛,多若繁星。"同年十一月十二日《申报》报道:"天津租界亦如上海之分英、法、美,五年前,毕德格(William N. Pethick)为美领事时,听人开设妓寮,并收其卖笑资以补捐税之不足,旋以有伤政体中止,由是租界妓寮遂销声匿迹。现在法租界某车店住东洋妓女三人,店主以为不在禁例,任其勾引游客。"光绪十七年(1891)七月八日《申报》报道:"紫竹林北与侯家后同为金迷昏醉之乡,三百女间禁令之所不及。"殖民主义者将卖淫嫖娼之事带到原本清净纯朴的紫竹林,卖身的妓女中就包括日本人,美国领事也曾大发妓女财,这些都可看作外国租界"禁妓"的真实原因和结果。

  张焘著《津门杂记》记载了清末天津紫竹林租界内外娼妓的情况:"……紫竹林租界外之地,亦有土娼数处,所居多矮屋泥垣,迎风待月,则皆半老徐娘,地狱变相,颇难令人寓目也……粤妓寄居紫竹林者,衣饰簪珥,迥异北地胭脂,俗称曰广东娼。或伴洋人,或接广客,就中亦绝少出色者。"《嗔莺叱燕》图所描写的娼妓,显然是指租界内"衣饰簪珥"这些人。从这一史料可以看出,外国领事要求中国官员"禁妓",但这些娼妓中的一些人恰恰以"伴洋人"为生,说明洋人就是"性消费者",在外国租界中不可能真正消灭妓院和妓女。

不过,在天津紫竹林租界开辟初期,确有一些禁例。如《津门杂记》记载:"禁烟馆。禁娼妓。禁乞丐。禁聚赌、酗酒、斗殴。禁路上倾积灰土污水。禁道旁便溺。禁攀折树枝。禁捉拿树鸟。禁驴马车辆随意停放。禁骑马在途飞跑。"其中第二条就是"禁娼妓"。再如《沽水旧闻》记载:"庚子先之租界中,极清雅整洁之致。其禁止事项有十,曰娼、曰赌、曰烟、曰丐、曰倾水、曰便溺、曰捉鸟、曰折树、曰骑马驰行、曰自由停车。"其中第一条就是禁娼。但从内容上分析,这仅仅是租界开辟初期管理当局的一种愿望,借此表明西方资本主义的"文明"与"道德"。将"禁娼妓"与"禁攀折树枝""禁捉拿树鸟"相提并论,本身就说明租界当局对"禁娼妓"的重视程度并不高。

1900年后,随着各国租界的进一步开辟、扩大和繁荣,租界内的一些地区妓院、赌窟、烟馆丛集,成为罪恶渊薮。这实与租界当局的黑暗腐败及对社会丑恶现象的包庇纵容密切相关。虽然在20世纪20年代也出现过法租界工部局撤销妓院的情况,但很快又出现了"饭店小姐"——变相的妓院和妓女。至1943年10月,仅法租界领取执照的妓女就有两千多人。这也证明当年各国领事紫竹林"禁妓"的要求不过是做做表面文章而已。

参见解图55《嗔莺叱燕》

24. 落子馆与男落子

　　《点石斋画报》中有一幅《余桃泼醋》图，描写天津"男落子"的情况。天津法租界第一茶楼有所谓"男落子"，男扮女装，登台演唱。这样的"男落子"共有六七人，其中最老的年已五旬，仍然熏香敷粉，让人分不清男女。有个叫洛的人与陈四是同性恋，哪知张裕对洛也动了心，但洛不肯。张大怒，不让洛登台，经人劝说后洛才献技。一天，陈在座的时候，张贸然赶来，见陈与洛频送秋波，不禁醋意大发，与其动起武来。

　　"落子"指莲花落，落子馆是唱落子等曲艺、小戏的场所。早期到落子馆演唱的都是各妓院的妓女，她们演唱后不取任何报酬，其目的是借台展示自己，招徕嫖客。张焘著《津门杂记》记载了清末天津落子与落子馆的情况："北方之唱莲花落者，谓之落子，即如南方之花鼓戏也。系妙龄女子登场度曲，虽于妓女外别树一帜，然名异实同，究属流娼。貌则诲淫，词则多亵。一日两次开演，不下十人，粉白黛绿，体态妖娆，各炫所长，动人观听。彼自命风流者，争先快睹，趋之如鹜，击节叹赏，互相传述。每有座客点曲，争掷缠头，是亦大伤风化。前经当道出示禁止，稍知敛迹，乃迩来复有作者，改名为太平歌词云。"并附诗云："盈盈娇小女弹词，别有风流绝世姿。一事令人惆怅甚，下场容易上场迟。"

　　"男落子"指男扮女装的演唱者，其中不乏同性恋者。《津门杂记》中也有这方面的记载："优伶美其名曰相公，即像姑之讹音，言其男而像女也。向居侯家后，其寓所曰下处。主人曰老板，多半亦梨园子弟出身。积有余资，遂蓄雏伶，自立堂名。教之歌舞，或唱老生，或作花旦，后来之翘楚，为本色之生涯。凡张宴请客，有以清宴不欢者，必书小红纸传唤歌童来侑觞，曰叫局。童应命赴局，谓之赶条子。来则执壶劝酒，情致缠绵，大有翠袖殷勤捧玉钟之概。或拇战，或高歌，谈笑诙谐，差强人意，令人如饮浓醪，醉不自觉。【按：京都狎优，不过征歌侑酒，逢场作戏，无伤风雅，彼此尚知自爱，不必实事求是。而天津私坊品格较低，供人狎昵（昵），任所欲为，后庭一曲，真个魂消。其命薄无奈如此。】"从这些史料可以看到，畸形心理的人，在畸形的社会里，过着怎样畸形的生活。

参见解图 68《余桃泼醋》

附录一：与本书相关的《点石斋画报》执笔画家简况

姓名	别名	字号	籍贯	身份
吴嘉猷	吴猷	友如	江苏吴县	前期主笔及主要画家
金桂	金桂生	蟾香	江苏苏州	主要画家
田英		子琳	江苏苏州	主要画家
吴贵		子美		画家
周权		慕乔、慕桥	江苏苏州	画家
张淇		志瀛	上海	主要画家
管劬安	蘧庵主人		江苏吴县	画家
符节		艮心		主要画家
马子明				画家
何元俊		明甫		主要画家

附录二：《点石斋画报》时期天津大事记

(月、日均为中历)

1884年 清光绪十年 甲申

四月十七日 中法在天津签订关于越南问题的《中法会议简明条款》

是年 盛宣怀署理天津海关道

是年 罗荣光任天津镇总兵

是年 张焘著《津门杂记》刊行

是年前后 利顺德饭店在天津英租界建成

1885年 清光绪十一年 乙酉

三月四日 中日签订关于甲申政变后朝鲜事宜的《天津会议专条》

四月二十七日 中法在天津签订关于越南等问题的《中法新约》

五月五日 李鸿章奏请在天津设立武备学堂

是年 天津、保定间电线架通

1886年 清光绪十二年 丙戌

三月二十二日 中法在天津签订《越南边界通商章程》

四月十三日 天津印刷公司创办，后改组为天津印字馆

是年冬 天津自来火公司创办

是年 总理海军事务大臣、醇亲王奕譞到天津巡视海防

是年 天津近代第一家中文报纸《时报》出版

是年 天津铁路公司（亦称中国铁路公司、津沽铁路公司）成立

是年 中西书院在天津英租界创办

是年 修筑马厂（场）道

1887年 清光绪十三年 丁亥

五月一日 英租界维多利亚花园举行建成开放仪式

是年 天津机器铸钱局创办

是年 天津机器局第四次扩充，在东局建设栗色火药厂

是年 外商创办天津洋商总会

是年 英租界公共乐队成立

是年 梁时泰照相馆在天津英租界开设

1888年 清光绪十四年 戊子

四月 英国弥尔顿剧团到英租界俱乐部兰心剧院演出，是为最早到天津演出的外国职业性剧团

四月 英租界煤气管道铺设工程开工，中秋节开始使用煤气照明

九月五日 津唐铁路通车典礼举行，天津站设在旺道庄

是年 比商世昌洋行安装发电设备，是为天津最早使用的电力

是年 北洋海军成立

是年 天津第一座开启式铁桥金华桥建成

是年 周馥复任天津海关道

是年 天津发生七点五级地震

1889年 清光绪十五年 己丑

是年 英租界戈登堂建成，转年四月举行落成典礼，是为中国通商口岸第一座租界市政大厦

是年 英租界妇女草地网球协会成立

是年 英租界工部局书房成立，是为天津最早的公共图书馆

是年 英租界开始使用煤气照明

1890年 清光绪十六年 庚寅

是年 天津机器局第五次扩充,在东局建设炼钢厂

是年 开卫津河

是年 德国德华银行在天津设立分行

是年 天津发生大水灾

1891年 清光绪十七年 辛卯

是年 《时报》停刊

是年 德国在天津设立邮局

是年 因外国技师依势欺压中国工人,开平煤矿工人开展大规模的反压迫斗争

1892年 清光绪十八年 壬辰

是年 开新开河、减河

是年 盛宣怀复任天津海关道

是年 日本在天津设立邮局

1893年 清光绪十九年 癸巳

是年 医学馆改名为北洋医学堂

1894年 清光绪二十年 甲午

五月 孙中山到天津上书李鸿章

十月 清政府在天津小站练兵

是年 天津至山海关铁路竣工

是年 《京津泰晤士报》在天津创刊

是年 聂士成率兵由天津东渡朝鲜,因中日战争,他由平壤返津招兵

1895年 清光绪二十一年 乙未

一月一日 《直报》在天津创刊

一月 北洋海军在中日战争中覆灭

一月至四月 严复在天津《直报》发表《原强》等文章

八月十二日 盛宣怀奏请在天津设立中西学堂

十月二十二日 天津基督教青年会成立，是为美国北美协会传教士来会理在华组织的第一个基督教青年会

是年 德国在天津强开租界

是年 英国麦加利银行在天津设立分行

是年 法国学堂在法租界紫竹林教堂内开办，后发展为法汉学校

是年 王文韶继李鸿章任直隶总督兼北洋大臣

是年 李岷琛任天津道

是年 大沽一带连日暴雨，发生海啸成灾，沿海村庄多被淹没

1896年 清光绪二十二年 丙申

五月十七日 美国驻天津领事奉命宣布将天津美租界退还中国

是年 大清邮政津局建立

是年 俄国华俄道胜银行在天津设立分行

是年 俄国驻天津领事德密特参与订立开辟汉口俄租界的约章

1897年 清光绪二十三年 丁酉

是年 严复等在天津创办《国闻报》和《国闻汇编》

是年 天津英租界第一次扩张

是年 1870年被烧毁的望海楼教堂重建落成

是年 基督教合众会堂在英租界建成

是年 英、法租界当局成立"海河工程局"

1898年 清光绪二十四年 己亥

四月 严复译《天演论》在天津出版

五月 荣禄出任直隶总督兼北洋大臣

七月十七日 英德订立瓜分津镇铁路协定

八月五日 袁世凯回天津向荣禄密报光绪帝和维新派举动

八月 戊戌政变后维新派首脑人物梁启超自天津逃往日本

八月十三日 裕禄补授直隶总督兼北洋大臣

十二月 天津自来水有限公司开始供水

是年 荣禄为慈禧太后和光绪帝到天津阅兵修建行宫

是年 日本在天津强开租界

是年 维多利亚医院在天津英租界建成开诊

主要参考和征引报刊论著

1. 报刊

《点石斋画报》

《申报》

2. 图书

《点石斋画报》（甲、乙、丙、丁集），江苏广陵古籍刊印社 1990 年 11 月版

《点石斋画报》，上海文艺出版社 1998 年 10 月版

陈平原编《点石斋画报选》，贵州教育出版社 2000 年 10 月版

陈平原、夏晓虹编注《点石斋画报——图像晚清》，百花文艺出版社 2001 年 8 月版

张奇明主编《点石斋画报 · 大可堂版》，上海画报出版社 2001 年 9 月版

《吴友如画宝》，中国青年出版社 1998 年 1 月版

杨大辛主编《近代天津图志》，天津古籍出版社 1992 年 12 月版

李家璘主编《天津旧影》，人民美术出版社 2000 年 2 月版

今明主编《津沽旧影》，天津社会科学院出版社 1998 年 11 月版

四日市市立博物馆编《天津历史与文化展图录》，四日市市立博物馆 1997 年 7 月版

林希《老天津》，江苏美术出版社 1998 年 10 月版

韩嘉谷主编《中国文物地图集 · 天津分册》，中国大百科全书出版社 2002 年 11 月版

张焘《津门杂记》，天津古籍出版社 1986 年 11 月版

佚名《天津事迹纪实闻见录》，天津古籍出版社 1986 年 11 月版

徐士銮《敬乡笔述》，天津古籍出版社 1986 年 11 月版

戴愚庵《沽水旧闻》，天津古籍出版社 1986 年 11 月版

徐肇琼《天津皇会考》，天津古籍出版社 1986 年 6 月版

望云居士、津沽闲人《天津皇会考纪》，天津古籍出版社 1986 年 6 月版

羊城旧客《津门记略》,天津古籍出版社 1986 年 6 月版

来新夏主编《天津近代史》,南开大学出版社 1987 年 3 月版

杨大辛《津沽絮语》,天津古籍出版社出版社 1993 年 12 月版

张仲《天津卫掌故》,天津人民出版社 1999 年 11 月版

徐景星主编《天津报海钩沉》,天津人民出版社 2003 年 1 月版

周俊旗《民国天津社会生活史》,天津社会科学院出版社 2002 年 7 月版

章用秀《天津地域与津沽文学》,天津社会科学院出版社 2000 年 7 月版

董季群《天后宫写真》,天津社会科学院出版社 2002 年 8 月版

尚克强、刘海岩主编《天津租界社会研究》,天津人民出版社 1996 年 4 月版

天津市地方志编修委员会编著《天津通志·附志·租界》,天津社会科学院出版社 1996 年 1 月版

天津市地方志编修委员会编著《天津通志·政权志·政府卷》,天津社会科学院出版社 1996 年 12 月版

天津市政协文史资料研究委员会编《天津租界》,天津人民出版社 1986 年 6 月版

天津市政协文史资料研究委员会编《天津近代人物录》,天津市地方史志编修委员会总编辑室 1987 年 12 月版

哲夫主编《明信片中的老天津》,天津人民出版社 2000 年 1 月版

哲夫主编《从鸦片战争到八国联军》,天津人民出版社 2000 年 8 月版

仲富兰主编《图说中国百年社会生活变迁》,学林出版社 2001 年 12 月版

赵尔巽等《清史稿》,中华书局 1977 年 8 月版

恒慕义主编《清代名人传略》,青海人民出版社 1990 年 2 月版

翦伯赞主编《中外历史年表》,中华书局 1961 年 2 月版

中外名人研究中心编《中国事典》,沈阳出版社 1992 年 7 月版

李长莉《晚清上海社会的变迁》,天津人民出版社 2002 年 8 月版

张伟《沪渎旧影》,上海辞书出版社 2002 年 7 月版

王尔敏《近代文化生态及其变迁》,百花洲文艺出版社 2002 年 5 月版

费成康《中国租界史》,上海社会科学院出版社 1991 年 10 月版

上海市政协文史资料委员会等编《列强在中国的租界》，中国文史出版社 1992 年 4 月版

韦明铧《浊世苍生》，百花文艺出版社 2003 年 2 月版

漱六山房《九尾龟》，荆楚书社 1989 年 2 月版

冯骥才《神鞭》，文汇出版社 2003 年 2 月版

陈宝良《中国流氓史》，中国社会科学出版社 1993 年 3 月版

焦润明、苏晓轩编著《晚清生活掠影》，沈阳出版社 2002 年 4 月版

赵兰英编著《民国生活掠影》，沈阳出版社 2002 年 1 月版

邵循正《中法越南关系始末》，河北教育出版社 2000 年 12 月版

李海生、谭力编著《边疆危机》，上海书店出版社 2002 年 8 月版

赵睿编著《自强新政》，上海书店出版社 2002 年 8 月版

《李鸿章全集》，时代文艺出版社 1998 年 7 月版

苑书义《李鸿章传》，人民出版社 1994 年 5 月版

苑书义、秦进才主编《张之洞与中国近代化》，中华书局 1999 年 4 月版

高阳《翁同龢传》，华艺出版社 1995 年 6 月版

陈玉申《晚清报业史》，山东画报出版社 2003 年 1 月版

沈从文编著《中国古代服饰研究》，上海书店出版社 2002 年 8 月版

华梅《服饰与中国文化》，人民出版社 2001 年 1 月版

姜维朴编《鲁迅论连环画》，人民美术出版社 1982 年 10 月版

王树村《中国民间年画》，浙江教育出版社 1989 年 7 月版

王振德《中国画论通要》，天津人民美术出版社 1992 年 5 月版

3. 文章

熊月之《从〈点石斋画报〉看晚清上海言论自由》，载于 2000 年第 2 期《书窗》

林椿《和李鸿章过招的三百天——一个法国驻津领事的日记》，载于《天津文史资料选辑》第 97 辑，天津人民出版社 2003 年 5 月版

郝庆元《杨柳青人"赶大营"》，载于 2000 年 2 月 29 日《天津日报》

谢玉明《赶大营——一个奇迹 》，载于 2000 年 7 月 18 日《天津日报》

罗澍伟《天津紫竹林庙内的"会讯公所"》，载于 2002 年第 3 期《天津档案》

罗澍伟《德璀琳在天津》，收于《近代中国天津名人故居》，天津人民出版社 2002 年 1 月版

罗澍伟《汉纳根沉浮录》，收于《近代中国天津名人故居》，天津人民出版社 2002 年 1 月版

罗澍伟、李喜所、潘荣《走向共和时期的天津》，载于 2003 年 5 月 26 日《天津日报》

陈振江《近代天津的辉煌》，载于 2003 年 6 月 9 日《天津日报》

白金《火车对撞 烈焰逞凶》，载于 2002 年第 6 期《天津消防》

李然犀《旧天津的混混儿》，收于《近代中国江湖秘闻》，河北人民出版社 1997 年 4 月版

张嘉臣《天津站历史镜头》，载于 2003 年 4 月 30 日《今晚报》

郑立水《天津的戏园》，载于《天津文史资料选辑》第 51 辑，天津人民出版社 1990 年 7 月版

郭凤岐《海河沿岸的茶园》，载于 2003 年 5 月 9 日《今晚报》

鲁希《早期的茶园》，载于 2003 年 5 月 21 日《每日新报》

黄卫《天津人灭蝗绝招——吃了它》，载于 2003 年 6 月 4 日《天津青年报》

王志辉《天津"小脚"裹满苦水》，载于 2003 年 6 月 25 日《天津青年报》

王志辉《水师学堂领航北洋舰队》，载于 2003 年 8 月 25 日《天津青年报》

　　这本《〈点石斋画报〉里的天津》完成于 2003 年，原本打算在 2004 年天津建城六百周年时出版，却因出版社发生人事变动而搁置。十几年一晃而过，于今承蒙天津社会科学院出版社领导和编辑器重，此书有幸获得新生，我的兴奋与感激之情真是难以言表。

　　还是谈谈当年我写这本书的一些想法，汇报给读者朋友，希望有助于更好地理解此书。

　　我读书很驳杂，这与我的性格、从小养成的阅读习惯，以及多年编辑报纸副刊的职业习惯，有着极为密切的关系。"杂"的好处是无拘无束、无涯无涘，坏处是杂乱无章、样样稀松。但我总是相信，"杂"可以"杂交"出有趣的东西，而有趣的东西往往是有价值的。《〈点石斋画报〉里的天津》正是"杂交"出来的产品，它至少涉及中国近代史、天津地方史、中国美术史和中国报刊史四个领域。如果不是长期以来我对这几个方面都特别感兴趣，把它们当作长期的阅读和研究对象，我是想不到也没有能力写这样一本书的。

　　由这样的交叉研究或边缘研究，我想到我们对天津历史文化的研究，在观念和方法上，有许多值得改变或改进的地方：

　　第一，要打破地方主义观念，以开阔的视野研究天津的历史文化。天津不仅是天津的天津，也是中国的天津，同样是世界的天津，这本来是不争的历史事实，但是在对天津历史文化的研究中，往往认为只有在天津发生的与天津直接相关的事才是天津的历史。例如，在举世瞩目的中法战争中，天津虽然不是战场，但却是最重要的调停、谈判和缔约地点。这些活动选择在天津进行，说明天津在当时的中国和世界具有特殊的外交地位。而且，无论是战争的进程还是谈判的进程，在天津法租界都有所反应。然而，遗憾的是，在有些由天津专家学者编写的天津近代史图书中，对天津与中法战争的关系竟只字不提。这就好比写巴黎的历史而不写"巴黎和会"，写日内瓦的历史而不写《日内瓦公约》。再如，像李鸿章这样的世界级名人,学术界固然看法不一,但他政治生涯中用心最苦、最有作为的时期是在天津。然而,遗憾的是,天津的专家学者对李鸿章缺乏相应的研究,没有写出一本像样的李鸿章传,也没有编出一套像样的李鸿章全集。当代天津读者手里最多的关于李鸿章的读物,仍是各种版本的梁启超写于一百年前的《李鸿章传》。以这种狭隘观念编写的天津历史,介绍的事件和人物,往往是舍大存小。要知道,中国是天津的中国,世界是天津的世界;天津兴起于移民,繁华于开放;从六百年前赐名建卫起,天津的重要性就是在国内国际各种关系中体现出来的;天津的历史在很大程度上就是天津的关系史。《〈点石斋画报〉里的天津》这本书很看重天津的关系,是对地方主义观念的一次小小的挑战。

第二,要重视外地、外国资料,从中发掘和整理与天津有关的史料。长期以来,我们善于利用以往天津学者撰写的历史著作来研究天津历史,善于从天津历代文人的诗文集中钩稽史料,而对外地、外国出版和未出版的有关天津的史料认识不足,利用不多。这既与我们的研究视野不够开阔有关,也与我们的研究能力(包括阅读和翻译外文的能力、进行学术交流的能力等)有关。近亲繁殖的现象十分明显,即很多研究天津历史文化的人,都在使用那些现成的有限的材料,都在一个并不算大的圈子里打转转。表现在报刊和图书上,就是炒冷饭。资料运用的局限,直接影响了研究的深度和广度。《点石斋画报》中只有五六幅与澳门有关的图画,但澳门学者十分重视,澳门报纸很早就介绍过,借以说明澳门历史的悠久、人文的丰饶;相比之下,我们却把刊有一百多幅与天津有关图画的《点石斋画报》仅仅当作外地报刊,从未加以系统地宣传和利用,这显然不是明智之举。据我所知,外地和外国尚有不少可成系列的有关天津的资料,等待我们引进和整理。

第三,要舍得花工夫翻阅旧报刊,从中整理出与天津有关的史料。天津是中国近现代报业的重镇,本身的旧报刊资源就极为丰富,再加上外地报刊对天津的大量报道,这方面工作当大有可为。《〈点石斋画报〉里的天津》这本书只是抛砖引玉,提示大家进山探宝,下海寻珠。仅就《点石斋画报》与天津的关系来说,也仍有进一步研究的余地。

新世纪之初,我曾在《天津日报》副刊发表过整版的研究《点石斋画报》与天津的文章,在天津《今晚报》副刊连续发表过七篇一组的研究《点石斋画报》与天津的文章,得到了专家和读者的肯定与鼓励。需要说明的是,对于这本写于十几年前的书稿我没有进行大的改动,仅对因时间、地名变化而产生的问题做了适当修改。此书参考和征引的报刊论著,也截止于 2003 年。我亦浏览了十几年来学术界新的相关研究成果,觉得拙著依然具备史料价值,仍能作为一家之言,这是我对书稿没有进行大的改动的主要理由。由于本人学力不敷,书中定有错漏之处,诚望专家学者和广大读者批评指正。

此书成稿时,著名历史学家、南开大学教授来新夏先生欣然为之作序。如今来新夏先生已故去多年,我请他的夫人焦静宜老师对序言进行了校订。对他们的支持,我在此致以深深的谢意。

谨以这本小书作为一份薄礼,献给我钟爱的天津,祝福这座伟大的城市安宁繁盛。

作　者

2020 年 12 月 23 日

天津建城 616 周年之际,写于天津镇东晴旭看七十二沽往来帆影轩